人生、道を求め
徳を愛する生き方

日本精神通義

安岡正篤

致知出版社

まえがき

このたび、㈱致知出版社より父の著作『日本精神通義』が『人生、道を求め徳を愛する生き方――日本精神通義』と装いも新たにして刊行された。

同社は、これまでに先行して父の教学の原点であり、骨格ともいえる著作『いかに生くべきか――東洋倫理概論』、『王道の研究――東洋政治哲学』、『日本精神の研究』を新装復刊して、広く識者に愛読されているという。若き日の父の憂国至情の魂が読む人に深い感銘を与えているからであろう。本書の新装出版をもって二十代から三十代にかけて父が捨て身になって読書、思索に没頭しながら心血と情熱を傾けた四部作が揃うことになった。

父の著作は、現代ではときに難解の趣がある内容でもあるが、四部作ともふり仮名、脚注など多く施しており、読者に親しみ易いように工夫を加えてある。

本書が執筆された昭和十一年は、陸軍の皇道派青年将校が決起、斎藤内大臣や高橋蔵相らを殺害（二・二六事件）、東京に戒厳令が布告された政情騒然とした年であり、狂信的な日本精神論、国粋主義が蔓延した時代であった。そういう動向に対して父は序文で、「日本は今や有史以来の世界的局面に高歩《こうほ》を進めて、真に内外多事であります。疲れてはなりません。荒《すさ》んでは大変であります。それには切迫した当面の軍事や経済問題などにばかり気をとられて、衷《うち》なる心をおるすにしたり、歴史的反省を忘れたりすることを深くいましめなければなりません。この意味において、日本の心の歴史――性命の歴史、中でも大切な神道と儒教や仏教の交渉・発達の道を明らかにして、今日やかましい東洋主義と西洋主義・日本精神の真義を論じてみました」と書き始め、本論に入って、東西文化の本質的な比較、日本精神の本義あるいは国粋主義の反省のうえにたって日本精神の真髄を広範多岐亘って論じている。

「古来、日本に困ったことは、国学者は漢学者を排斥し、キリスト教はまた神道を排斥し、というふうに始終排斥し合っている。特に異民族の文化に反感を持つ、いわゆる日本主義者、日本精神論者が（今日なお未だありがちだが）何ぞといえば相排斥することをもって能事としている。非常によろしくないことであります。―略―漢学者、国学者にしてよく西洋の哲学にも触れ、西洋の哲学、文芸を研究して、また東洋の学術を修めることに注意を怠らない人、それの自由にできる人ほど、その学問、思想、人物が活きるのです」と浅薄な思想に警鐘を鳴らし、さらに、

「今日、憂うべきことの一つの大事は、心なき人々が、妄《みだ》りに日本主義、王道、皇道を振り回して、他国に驕《おご》ることであります。これは決して日本精神、皇道を世界に光被《こうひ》するゆえんではない」と戒めている。

既出版『日本精神の研究』の「序」に「神道より始めて儒仏基教等の交渉推移、東西文化の対照、日本精神の解説、国粋主義の諸問題等に関しては、―略―『日本精神通義』として別に出版したものがある。本書と併読していただければ結構である」と記しているが、父の意図するところを汲んで同書を併読していただければご理解も深まることと思う。

「まえがき」を書くにあたり、あらためて書架から初版をとりだし再読したが、戦前・戦中・戦後を通して一貫した父の信念、教学が、いまなお新鮮な息吹をもって人生の指針を示していることに読者の共感を得るであろうことを確信してやまない。

本年十二月、父の二十三回忌を迎える。本書を手にしながら追慕の情切なるものがある。

最後に本書の編集にあたって、㈶郷学研修所副理事長・所長 荒井桂氏に「あとがき」を執筆いただいた。ここに深く感謝申し上げる。

平成十七年九月

財団法人　郷学研修所
理事長　安岡正泰

序

今春（昭和十一年）四月十一日の夜、心友大島辰次郎君と空しく永訣《えいけつ》いたしました。道を求めること篤《あつ》く、多忙な公務の間にも絶えず書に親しまれた君は、病床に就いてひとしお思索に耽り、信仰を深められました。その清談の折々に、よく、日本の神道と儒仏との交渉・発達を明らかにしたいと思うが、どうも、学者の専門的考証の類か、それでなければ、通り一遍の書物が多くて困る。わが国の思想史的見識なくして新しい思想を論じても、何だか不安で軽薄な感がしてならない。是非一つこれを簡明厳正に講じて下さらぬか。自分ばかりではない。世の多くの人々がきっと同感であろうと話がありました。まったく、神道だ、儒教だ、仏教だという言葉だけは聞き古《ふる》しておっても、案外漠としてとりとめのない、あるいは無知といっても過言でないのが現代人一般のありさまであります。

それは適当な書物のないのが一番の原因でありましょう。この度、日本青年館から熱心に日本精神に関する論文を徴《ちょう》せられるままに、ふと、亡友の談を想起して、懐旧の情に堪えず、昔同君の集まりに出て書を講じた時のような心持でこの書をものした次第でありま す。日本は今や有史以来の世界的局面に高歩《こうほ》を進めて、真に内外多事であります。疲れてはなりません。荒《すさ》んでは大変であります。それには切迫した当面の軍事や経済問題などにばかり気をとられて、衷《うち》なる心をおるすにしたり、歴史的反省を忘れたりすることを深くいましめなければなりません。この意味において、日本の心の歴史――性命の歴史、中でも大切な神道と儒教や仏教の交渉・発達の道を明らかにして、今日やかましい東洋主義と西洋主義・日本精神の真義を論じてみました。

神ながらの道や、儒教、仏教など、日本人の心となり身体となっていること久しいものでありますが、これはいかようにして推移してまいったのでありましょうか。どうして日本人はこれほど常々至るところ、神々を祭るのであるか。なぜ、傳教大師や弘法大師が叡山や高野山に仏教を興したのか。法然、親鸞はどういう人、日蓮宗はどこに真骨頭《しんこっとう》があるか、キリスト教が迫害されたわけは、さらに今日、有為な青年が矯激《きょうげき》に走る次第はなにか、――知りたいことは山のようにあっても、世間は雲をつかむような曖昧な話に止まり、学者の著書は煩瑣な考証ばかり多くて、容易に要をつかめません。
第一、学問上の術語に降参するでありましょう。これを思うて、できるだけ親切・平明に術語も解釈し、諸問題の要領を把握して、簡潔明瞭には叙述いたしましたが、やってみると、資料を整頓し、術語を駆使する専門的著述よりもかえって骨が折れて閉口いたしました。神・儒・仏やキリスト教を約説したり、碩学高徳《せきがくこうとく》を破墨一掃《はぼくいっそう》的に表現するため、しばしば考えすぎて、寝られぬ夜もありましたが、どうかこうか短時日の間にこれだけまとめました。

さて、できたのを見ると、あまりふつつかなのに苦笑せざるを得ません。大抵この夏秋に筆を執ったのですが、法然や親鸞のあたりは旧著の一章を同学の読書会から請われるままに朗読した筆記であり、最後の方は啓明会や経済研究会で講話したものから、了解を得て採録いたしました。もし、これでも読者諸氏が日本の歴史的精神を体究される上に多少なりお役に立ち得れば、亡友の面影をしのんで無量の幸福を感ずる次第であります。

昭和十一年十月四日　寝待ちの月清き夜半

安岡正篤

●人生、道を求め 徳を愛する生き方●目次

Ⅱ　日本精神の真髄

装　幀――川上　成夫
編集協力――柏木　孝之

Ⅰ　日本精神の源流

第一章　古神道

日本民族発展の枢軸にある神道

日本の歴史を通観しておりますと、ちょうど、分家・姻戚・縁者、それからそれへと大きく拡がっている旧家の中でも、厳乎としてその根幹をなして続いている宗家の血統があるように、儒教、仏教、キリスト教などいろいろな文化の交渉や融合、発達がありますが、この中に遠く神代の昔から連綿として、わが国の歴史の枢軸を成して発展してきているのは、実に神道であります。

おおよそ、世界はいずこの民族も太古は同様の心理を多分にもっていたものですが、日本民族もやはり、当時の原始的な人間として驚畏に堪えなかった火や水や日や月や星や雷や風や山などの自然現象を崇拝し畏怖しておりました。それぱかりではありません。蛇や狼や猿の類にいたるまで、何かしら気味の悪い、機嫌をそこねるとどんな祟《たた》りをするかも知れないものはみな一種の神として祭っていたものでありました。例えば、平安朝末期にできた『今昔物語』に、美作《みまさか》や飛騨などの地方民が猿神をあがめて、毎年、生贄を供えていることが出ています。

また、『常陸風土記』*に、継体天皇*の御世、行方郡《なめかたぐん》に荒地を開墾すると蛇（夜刀神《やとのかみ》）がたくさんおって、害をして困るので、杭を立てて人と夜刀神の地とを分けることに定め、これだけの地は神にさしあげ、永久にお祭りもするから、今後、祟らぬようにしてもらいたいと祈ったことが書いてあります。さらに、『日本書紀』を見ますと、欽明天皇紀*に、有名な膳臣巴提便《かしばでのおみはてび》が百済に使いして、虎に愛児を奪われました時、仇討ちに出かけ

＊常陸風土記　七一三年の詔により作られた風土記の一つ。一巻。藤原宇合の撰か。七二三年頃に成立。常陸の国の地名の由来や伝承などを漢文で記す。

＊継体天皇　記紀で第二六代天皇。（四五〇？～五三一？）

＊欽明天皇　記紀で第二九代天皇。継体天皇の皇子。（五一〇～五七一）

て「汝威神《いましかしこきかみ》」と虎に呼び掛けています。同紀にはまた、山中で血まみれになって闘っている狼に「汝《いまし》は是れ貴き神にしてあらきわざをこのむ云々」といっているくだりがあります。こんなことを一々挙げていれば限りがありません。

禽獣のような生物ばかりではありません。石や木のような非情の物から、船や剣のような道具にまで神霊の籠っていることを考えました。

そして、何よりも不思議であり不安でならなかったのは自分たち人間の存在であり、死であり、死後のことでありました。しかし、注意しなければならぬことは、日本民族は元来すこぶる光明を欲し自然を楽しみ生命を愛する特性を持っておりまして、死ねば＊黄泉国《よもつくに》にゆくものくらいに考えて、あまり死後のことについて煩悶などしなかったようであります。人間には肉体に霊魂が宿っていて、肉体が死んでも霊魂は死ぬものではない。やはりそれ相応の生活をしていて、人間界と自由に交通するこ

＊**黄泉国**　死後、魂が行く所。「こうせん」とも読む。冥途のこと。

とができる。この霊魂勝れたものほど偉人であって、その人は生きている間も大きな功業《こうぎょう》を立てたり、衆望を集めたり、死ねばますます人間界に神秘な作用をおよぼすものであると信じておったのであります。この、

「生命尊重――偉人崇拝――英霊崇拝――人間感化――世道興隆」

　があくまでも神道の根本観念であることを忘れてはなりません。

　そこで、前述の大自然の信仰に関しても、人間を滅ぼし、世の中を壊してしまうような神力《しんりょく》ではなく、物を成し、人を生み、世を修めてゆくような、『古事記*』にいわゆる「是《こ》のただよへる国を修理固成《つくりかためな》す」という、創造のはたらきを崇拝しているのであります。『古事記』の冒頭を静読深思*して下さい。

「天地《あめつち》の初発《はじめ》の時、高天原《たかまのはら》になりませる神の名は天之御中主《あめのみなかぬしの》神《かみ》、次に高御産巣日神《たかみむすびのかみ》、次に神御産巣日神《かみむすびのかみ》。此の三柱《みはしら》の神は

＊古事記
七一二年に成立。序文によれば、天武天皇が稗田阿《ひえだのあ》礼《れ》に誦習させていた帝紀・旧辞を、天武天皇の死後、元明天皇の命を受けて太《おおの》安万侶《やすまろ》が撰録したもの。三巻からなり、上巻は神代の物語、中巻は神武天皇から応神天皇までの記事、下巻は仁徳天皇から推古天皇までの記事が収められている。現存するわが国最古の歴史書。

＊静読深思
静かに慎しみ読んで、深く思いめぐらす。

並独神成《みなひとりかみみな》り坐《ま》して身を隠したまひき。次に国稚《くにわか》く、浮脂《うきあぶら》の如くして久羅下《くらげ》なすただよへる時に、葦牙《あしかび》の如《ごと》、萠え騰《あが》る物に因りて成り坐せる神の名は、宇麻志阿斯訶備比古遅神《うましあしかびひこじのかみ》、次に天之常立神《あまのとこだちのかみ》、此の二柱の神も独神成り坐して、身を隠したまひき。

上のくだりの五柱の神は別天神《ことあまつかみ》。

次に成り坐せる神の名は、国之常立神《くにのとこだちのかみ》、次に豊雲野神《とよくものかみ》。此の二柱の神も独神成り坐して、身を隠したまひき。次に成り坐せる神の名は宇比地邇神《うひぢにのかみ》、次に妹須比智邇神《いもすひちにのかみ》、次に角杙神《つのぐいのかみ》、次に妹活杙神《いもいくぐいのかみ》、次に意富斗能地神《おおとのぢのかみ》、次に妹大斗乃辨神《いもおおとのべのかみ》、次に於母陀琉神《おもだるのかみ》、次に妹阿夜訶志古泥神《いもあやかしこねのかみ》、次に伊邪那岐神《いざなぎのかみ》、伊邪那《いざな》美神《みのかみ》。

上のくだりの国之常立神より下、伊邪那美神以前《いざなみのかみよりさき》、あわせて神代七代と稱《い》ふ」（上の二柱は独神各一代。次にならぶ十神は各二神を合わせて一代とす）

「是《ここ》に天神諸々《あまつかみもろもろ》の命以《みこともち》て、伊邪那岐命、伊邪那美命二柱の神に、『是《こ》のただよへる国を修理固成《つくりかためな》せ』と詔《のりご》ちて、天沼矛《あめのぬほこ》を賜《たま》ひて言依《ことよ》さし賜ひき云々」

すなわち、別天神《ことあまつかみ》から始めて、国之常立神、豊雲野神までは絶対者であり、以下の天神にいたってようやく相対的関係を生じ、いざなぎの神、いざなみの神よりして鮮やかに万象の展開を示しております。こういう思想が民族独自のものであるか、または、大陸思想の影響であるかというようなことは論外であります。とにかくこの神話によって、いかにわが民族が創造的精神を確保するものであるか、ということを知れば足りるのであります。

　この物を造り、不思議な作用をなす造化の力を「むすび」（産霊《むすび》、産巣日《むすび》、産日《むすび》。日も霊も「ひ」で、「むす」は化生という意味。産《うむ》や巣《す》をあてたのは面白い）と称するのであります。そして、ここにさまざまな「むすびの神」を信仰いたしました。

その最も大宗は「たかみむすびの神」と「かみむすびの神」と、まず、ありますが、その外に著しい二、三の神々を挙げますと、まず、「たまつめむすびの神」（玉留産日神）があります。これは肉体に生命霊魂を宿らせる神、すなわちこの身に生命霊魂となって現れた神であります。これを生み育てるのは「いくむすびの神」（生産日神）であり、これを調和満足させるのが「たるむすびの神」（足産日神）であります。

そればかりではありません。国土そのものにも「むすび」を認めて崇拝いたしました。『古事記』のこの文章に続く神話によれば、*大八島六島《おおやしまむしま》みな、いざなぎの神、いざなみの神より生まれ出たのであります。これらの島々に、伊豫《いよ》には愛比賣《えひめ》、讃岐には飯依比古《いいよりひこ》、土佐には建依別《たけよりわけ》というふうに人格神の名がついております。これがやがて「くにだまの神」（国魂神）の信仰になり、国々処々の繁栄*隆祥《りゅうしょう》を祈願しております。

ひるがえって、そのかみのわが国情はといいますと、人皇《にんおう》第

＊大八島六島　『古事記』『日本書紀』に出てくるいざなぎ、いざなみ二神の生んだ島々の総称。

＊隆祥　隆昌。盛んなこと、栄えること。

一代、始馭天下之天皇《はつくしらすすめらみこと》である神武天皇は、*天業《てんぎょう》を*恢弘《かいこう》し、天下に*光宅《こうたく》するに足るべき地を求めて、日向より東征し、

「吾れ必ず鋒刃《ほうじん》の威を借らず、坐《い》ながらにして天下を平げむ」(日本書紀)

との人道的大理想をいだき、幾多の辛酸を経たのちに大和《やまと》の*橿原《かしわばら》に、上はすなわち乾霊国《あまつかみくに》を授けるの徳に答え、下はすなわち皇孫養正《こうそんようせい》の心を広めようと、都を定めたのを紀元元年として、大和を中心に次第に皇化は広まったのであられます。諸方に割拠していた土豪、いわゆる八十梟帥《やそたける》もだんだん帰服し、それに伴なって統治も組織だってきたのであります。

「むすび」を尊ぶ日本民族はこうして必然的に、

イ　祖先を尊ぶ

ロ　伝統を重んじ

ハ　帰服者を寛容し敬重する

＊天業　帝王の事業

＊恢弘　事業などを大きくして押し広めること。

＊光宅　天皇の徳が遠くまでおよぶこと。中国の古典『書経』の言葉。

＊橿原　奈良県中部、奈良県盆地南部。歴代御陵・橿原神址など史跡が多い。

という美質を備えてゆきました。

そして、同一の祖先より出たと信じる血族団体を氏《うじ》と称し、これに属する諸部および奴婢などを包容して大きな氏族《うじぞく》を実現してゆきました。天皇よりはそれらの氏族ごとに姓（かばね）を賜わり、彼らはそれぞれ職を分かって皇朝に奉仕しました。その氏族の統帥を氏上《うじがみ》といい、多くの子孫、族類から畏敬され、神格化されていったのであります。

ここにまた深く留意すべきことがあります。それは、日本国民の神の観念についてであります。ちょっと考えると諸方の原始民族と変わらず、日本人も生気崇拝、自然崇拝、庶物崇拝を出ない素朴な多神教のようにとれるのでありますが、実は単に何かしら超人的な威力ある者、不思議な恐ろしいものをすべて神とするという観念があります。さらに、一面、われわれ人間のすぐ上《かみ》にあるもの、＊影身《かげみ》に添うものというように親しく考え

＊影身　影が身を離れることのないように、常に離れないこと。

られ、人物を神格化すると同時に、神を人格化し、神人合一の自由で微妙な心情を持っており、また、氏族と皇室、皇室と造*化の神との有機的統一は、キリスト教のような一神教の天主とか世界の主とかいうかけ離れた神の信仰とはまるで違って、天《あま》神《つかみ》――国神《くにつかみ》――祖神《みおやがみ》の間に何の矛盾もない。国家の紀元もべつだん宗教的起源によらず、教権と政権ともいっこうにヨーロッパのような*扞格《かんかく》を生ずるわけがないのであります。実にありがたい不思議な国家ではありませんか。

国家という熟語は漢語でありますが、この語はわが日本のためにできているような語であり、キリスト教にいう天国なるものも、前述のような理由から考えて、わが日本にそのまま現れているといっても少しも過言ではありません。

さて、このようにして生じた多くの神々、いわゆる八百万神《やおよろずのかみ》を通常、天神《あまつかみ》と地神《くにつかみ》、あるいは天津神《あまつかみ》と国津神《くにつかみ》とに分けております。天神は文字通り天上に居住せられる日本民族の祖先、

＊造化の神
天地とその間に存在する万物を造り出し、育てる神。

＊扞格
二者が互いに相手を受け入れないこと。

およびその系統中に包摂せられている神々であります。一方、地神はこの国土に住して、天神に従属しておられる神々であります。

これらの神々をして神たらしめている奇しき霊魂の作用について、すでに造化三神（別天神《ことあまつかみ》）の「たかむすびの神」「かみむすびの神」の表し方によっても明らかなように、「あらみたま」（荒魂）と「にぎみたま」（和魂）とを観《かん》じております。「あらみたま」すなわち荒神は霊魂の活動派生、猛進、奮闘のはたらきであり、「にぎみたま」すなわち和魂はその守静、調節、平和、交歓のいとなみであります。両者は相待不二《そうたいふじ》のものとすると同時に、また、自ずから分かち、別々にこれを祭っております。有名な長門の住吉神は荒魂の方であり、摂津の方は和魂だそうであります。概して荒魂の方が多く祭られていることは当然でありましょう。

どうかすると、荒魂を悪神、和魂を善神と考える人もありますが、江戸末期の国学者・鈴木重胤*も『書紀伝』に明言しているように、それは誤りです。善悪は作用の過不及《かふきゅう》に生ずるものでありますが、しかし、実在が絶えざる生成《せいせい》化育《かいく》*を建てまえとする道理上、多く悪は「過ぐる」に生じます。病も食い過ぎ、飲み過ぎ、争いも出過ぎから起こりますように、「荒ぶる」ことはともすると「過ぐる」こととなりやすく、そこから悪に傾きやすいということは認めねばなりません。なお、この荒魂に相応して奇魂《くしみたま》、和魂に相応して幸魂《さきみたま》の信仰もありますが、荒魂、和魂ほど一般的になっていませんし、結局、同じことでありますから、ここでは省略いたします。

「みたまふり」「みたましずめ」の進展

民族に信仰心とともに反省が深くなり、道義心が高まってくるにつれて、神への関心はやがて神への精進にならざるを得ま

＊鈴木重胤　江戸末期の国学者。平田篤胤に私淑し、篤胤学の継承・大成につくす。後年、『日本書紀』の注釈に傾注。尊皇攘夷運動の中、暴徒により暗殺された。著書に『日本書紀伝』『祝詞講義』『詞の捷径』など。（一八一二〜六三）

＊生成化育　物がその状態を進化、ないしは変化させて他の新しい物質になること。化育は天然自然が万物を作り育てること。

せん。すなわち、荒魂、和魂の祭りとともに、自分そのものに荒魂を奮い起こし、和魂を厚く養うことにならなければなりません。前者は「みたまふり」といい、後者を「みたましずめ」といって、一緒に「鎮魂《ちんこん》」と称します。もっともこれは、その始め、荒ぶる神の心を鎮めるために多く行われたことも無理のないことですが、後世になるほど*自修的《じしゅう》になってゆきました。

人は「みたまふり」によってよく勇を鼓舞し、生活を打開向上せしめ、「みたましずめ」によってよく優情や叡智を養って、人生をまっとうし、神ながら（惟神、神髄）に進めるのであります。抽象的思惟のまだ発達しない、そして本来、あまり抽象的思惟を重んじていなかった古代日本人はこの「鎮魂」にも外国宗教の同様な事例に較べますと、ずっと具象的でありまして、剣や鏡や玉や*比禮《ひれ》を用いました。

しかるに、現実の人間生活はなかなか神ながらに参りません。

＊自修的
自ら身を修める、自ら学び、学問を身につけること。

＊比禮
上古、昆虫などを追い払うために打ち振ったもの。

イ　自然に起こる災い
ロ　忌まわしい汚れ
ハ　知らず知らず行われる過ち
ニ　心弱くあるいは邪に走って犯す罪

などの「まがごと」に満ちております。

光明を求め清浄を愛する日本国民はこれに耐えずして、しかも懺悔《ざんげ》というような陰気なことでなく、あくまでも積極的にかつ具体的に、その身を洗い浄める行為「みそぎ」（禊）を行い、さらには神の威徳によってこのような諸々の「まがごと」を一掃し解脱しようとする「はらい」（祓）を行うようになりました。この「みそぎ」「はらい」の始まりである有名な話は、黄《よ》泉《み》の穢《きたな》い国からひき返してきた「いざなぎの命」が、竺紫日向《つくしのひむかの》橘《たちばなの》小門《おど》之《の》阿《あ》波《わ》岐《ぎ》原《はら》にいでましてなされたことであります。後に仏教の*自力難行道の聖道門、*他力易行道の浄土門のわが国に

＊自力難行道の聖道門
自分に備わっている悟りを開く能力。また、自分の修行によって、この世で悟りを開こうとする道。

＊他力易行道の浄土門
自分の力で悟るのではなく、仏・菩薩の加護によって浄土に極楽往生する道。

起こる素質は、早くもこの「みそぎ」「はらい」に窺われるではありませんか。

大祓によりますと、すべての天津神・国津神がいずれもこれを司られますが、中でも特に山川の瀬にいますという「せおりつひめ」（瀬織津比咩）がすべて海に流し出したまえば、大海原の波の間にいますという「はやあきつひめ」（速開都比咩）がこれを引き受けて呑みこみ、それをば蒸発するところ、*気吹《いぶき》戸《ど》にいます「いぶきどの神」が根の国、底の国、すなわち本原《ほんげん》の世界に発散してしまって、最後にその本原世界、無の世界にいます「はやさすらいひめ」（速佐須良比咩）がこれを融合消化してしまうことになっております。実に晴れ晴れしたものではありませんか。

しかもこの祓は人の一身ばかりではなく、「すめみまのみこと（皇御孫之命）の朝廷《みかど》を始めて、天下《あめのした》四方国《よものくに》には罪という罪はあらじ」

＊気吹戸　神が息を吹きかけて罪やけがれを払う出入り口。

と祓い去るのであります。

なおその他に、退いてそもそもそういう一切のまがごとに触れまいという「いみ」、忌《いみ》――斎《さい》――*潔斎《けっさい》ということが行われ、平生の住まいから離れた別棟に入り、酒肉を退け、異性を遠ざけるなどして、身心の清浄潔白を守って神に交わろうとしました。伊勢の*斎宮《いつきのみや》などは三年も野宮《ののみや》に籠られたのであります。

以上は主として人が神に参るゆえんでありますが、次に神を招き、神の降臨《こうりん》に接する信仰があります。

その第一は「御鏡《みかがみ》」の信仰であります。

天照大御神は天孫降臨に際して、こういっておられます。

「葦原《あしはら》の千五百秋《ちいほあき》の瑞穂国《みずほのくに》は、これ吾《あ》が子孫の王《きみ》たるべき地《くに》なり。宜しく爾皇孫《いましすめみま》就《ゆ》いて治《し》らしむべし。行矣《さきくませ》、宝祚《あまつひつぎ》の隆《さか》えまさんこと天壌《あめつち》と與《とも》に窮《きわ》まりなかるべし」

さらに、

「吾《あ》が児《こ》、この宝《み》鏡《かがみ》を視《み》まさんこと、当《まさ》に猶《な》ほ吾《われ》を視るがご

＊潔斎　神仏に仕えるため、酒肉を避け、けがれた物に触れず、心身を清らかにしておくこと。

＊斎宮　天皇に代わって伊勢神宮の天照大神に仕える未婚の女性皇族・斎王のこと。また、斎王の住居と斎宮寮（官人、女官などがいた役所）のあった場所を指すこともある。

とくすべし。與《とも》に床《みゆか》を同じくし、殿《みあらか》を共にして、以《もっ》て齋鏡《いわいのかがみ》となすべし」

と仰せられました。

これは伊勢神宮の由来でありますが、決して偶像礼拝ではありません。神霊の表象――みたましろ（霊代《れいだい》、霊形《れいけい》）、すなわち厳粛なる反省によるところであります。

第二は、「ひもろぎ」（神籬*）「いわさか」（磐境*）の信仰であります。

天孫降臨に際し、「たかみむすびの神」は天孫随行の*天児屋根命《あまのこやねのみこと》と*太玉命《ふとだまのみこと》らに、

「吾は則《すなわ》ち天津神籬および天津磐境を起こし樹《た》てて、常に吾孫《すめみま》の為《ため》に齋《いわ》ひ奉《まつ》るべし。汝《みまし》天児屋根命、太玉命宜《よろ》しく天津神籬を持《も》ちて、葦原中国《あしはらのなかつくに》に降りて、亦《また》吾孫の為に齋ひ奉れ」（以上神勅みな『書紀』による）

と宣告されております。

＊神籬
神霊が宿っていると考えた山・森・老木などの周囲に常盤木を植え巡らし、玉垣を結って神聖を保ったところ。

＊磐境
磐は強固の意。神の鎮座する施設・区域。

＊天児屋根命
天岩屋戸の前で、祝詞を奏して天照大神の出現を祈り、のち天孫にしたがってくだった五部神の一人。その子孫は代々大和朝廷の祭祀を司ったという。中臣・藤原氏の祖神とする。

「ひもろぎ」とは祭祀の庭を特に区画限定する時、たてられる樹枝《じゅし》などで作ったものですが、それが「みたましろ」となった場合をも指します。そのよってたつ鞏固《きょうこ》な基礎が「いわさか」であります。

いやしくも皇孫の行きたまうところ、坐《ま》しますところ、常に天神と共でなければなりません。これを*輔弼《ほひつ》したてまつることが臣下たる者の最も貴い責務であります。それには国民各々また常にそれぞれ「ひもろぎ」を奉持《ほうじ》しなければなりません。

日本民族の祖先は決して利己主義、刹那主義、唯物主義的享楽主義者ではなかったのであります。彼らは皆その子孫のため、国家のために、信仰の崇卑《すうひ》こそあれ、それぞれ磐境《いわさか》を起こし、神籬《ひもろぎ》を樹《た》てんことを念願してきたのであります。日本人たるものは永久に、汝《いまし》神籬および磐境より国津神籬および磐境を、国津神籬および磐境より天津神籬および磐境を、すなわち、個人的信仰生活より団体的信仰生活に、団体的信仰生活より皇国

＊太玉命　天児屋根命とともに祭祀の事を司ったという。忌部氏の祖。

＊輔弼　天子の政治を助けること。またその役。

的信仰生活にまで高まらなければなりません。個人的信仰生活が国家的信仰生活と矛盾する間はまだ日本人として「みかがみ」「ひもろぎ」の信仰に徹しているとはいえませんが、この点、儒教、仏教の先哲はさすがに偉大でありました。今日、ともすれば紛争を起こす一部の仏教徒やキリスト教信者はここに深く思いをいたすべきであります。

「御鏡」「神籬」の信仰はやがて宮中祭祀となり、神社神道となって発達いたしました。『日本書紀』における神武天皇の四年二月の条に、天皇は、

「我が皇祖《みおや》の霊《みたま》、天より降鑒《くだりみそな》はして、*朕《ちん》が*躬《み》を光助《てらしたす》けたまへり。

今諸虜已《しょりょすで》に平《たいら》ぎ*海内無事なり。天神を郊祀《まつ》りて、用《もつ》て大孝《たいこう》を申《の》ぶべきなり」

と詔《みことのり》して、*霊時《まつりのにわ》を*鳥見《とみ》の山に立てられたことが出ております。

＊朕　天皇の自称。

＊躬　体、自分。

＊海内　四方を海に囲まれた日本の国のなかのこと。

＊霊時　祭場・祭地。

＊鳥見の山　奈良県桜井市にある丘陵。高さ二四五メートル。神武天皇関係の伝承がある。

天照皇大神《あまてらすおおみかみ》はだんだんと宇宙の最も神秘な、そして人間に最も親しい太陽神としての崇拝と、また民族の最も偉大な統率者、皇室の御祖先としての崇拝とが合体して、民族信仰の中心とならせられたのであります。神武天皇はなお、御神勅にしたがって「ひもろぎ」を立て、そこに、次の八柱の神をお祭りになりました。

高皇産直神《たかみむすびのかみ》
神皇産霊神《かみむすびのかみ》　大宮賣神《おおみやのめのかみ》
魂留産霊神《たまつめむすびのかみ》　事代主神《ことしろぬしのかみ》
生産霊神《いくむすびのかみ》　御膳神《みけつかみ》
足産霊神《たるむすびのかみ》

これは『古語拾遺』*にある説で、学者の古伝として尊敬するところであります。これがいわゆる宮中の*八神殿《はっしんでん》でありまして、

＊古語拾遺
古来に中臣氏とならんで祭政にあずかってきた斎部《いみべ》氏が衰微したのを嘆き、その氏族の伝承を記して朝廷に献じた書。八〇七年、斎部広成の撰。

＊八神殿
天皇の守護神である神皇産巣日神（カミムスビノカミ）を祀る宮中の社殿。

上の五柱の神についてはすでに「むすび」の項で説きましたが、これに下の三柱を加えたのは、大宮賣神は皇居の守護神、事代主神は天孫降臨に際し率先して国土奉還《ほうかん》を主張され、皇室を外《げ》護《ご》し、民族を融和するに大功あった神であります。また、御膳神は生命を養う食物の神であるからでありましょう。その後、程なく、*肇国奠都《ちょうこくてんと》の場所たる大和の国つ神、倭大国魂神《やまとおおくにたまがみ》をも宮中に祭られるようになりました。これらは、実に皇道的政教を理解するうえに大切なことといわなければなりません。

統治組織がだんだん発達してゆくにつれて、天照大神《あまてらすおおみかみ》の信仰もだんだん広がっていったのは申すまでもありません。また、そうでなければなりません。それに、信仰内省の深まるにつれて、祭祀の方法にも慎重な考慮が加わってゆくはずであります。

第十代*崇神《すじん》天皇の頃、天照大神を豊鍬入姫命《とよすきいりひめのみこと》に告げて、倭《やまと》の*笠縫邑《かさぬいむら》に奉祭し、一方、倭大国魂神は渟名城入姫命《ぬなきいりひめのみこと》に告げて奉祭することになりました。天照大神はその後、垂仁天皇の

＊肇国奠都　はじめて国を建て、都を定めること。

＊崇神天皇　記紀で第一〇代の天皇。開化天皇の第二皇子。

＊笠縫邑　遺称地は奈良県磯城郡にある。

時になって、国民周知のように伊勢に鎮まりますことになったのであります。
ここでまた、以上の古代日本の純神道時代を静かに省察してみましょう。

一　日本民族は世界をありのままに見て少しも僻《ひが》んだところがありません。
二　「かみの道」はすなわち「むすびの道」であることを信じ、死滅や災禍にあまり拘っていません。
三　人は「かみ」の「むすび」による「むすこ」「むすめ」であり、「ひこ」「ひめ」であって、人の道は「かみながらの道」であるとし、死滅や災禍と同様、邪悪にもあまり拘っていません。いかにも清明快活、寛容であります。
四　したがって、直ちに神に参り、神を祭る行を旨として煩瑣な観念や議論を事としません。いわば、*立徳《りっとく》・立功《りっこう》主

＊立徳・立功
徳と功績を重視する。

義で、立言《りつげん》主義ではありません。「神ながら言挙《ことあ》げせぬ」国なのであります。

五　「かみの道」は「すめらぎの道」であり、「すめらぎの道」は「みおやの道」であり、したがって祭政一致、忠孝不二《ふじ》で本来矛盾がありません。

これこそが、実に*万邦無比の特質でありまして、*山鹿素行の言葉でいえば、まさに「*天縦《てんしょう》の神聖」であります。さればこそ、幾千年あらゆる人文を自由に包容し化成してきたのでありまして、なまじいの個性的文化などケチなものを出さなかったのであります。

＊万邦無比
どこの国にもくらべるもののない。ここでは日本のこと。

＊山鹿素行
江戸前期の儒学者・兵学者。古学の開祖。儒学を林羅山に、兵学を北条氏長らに学ぶ。『聖教要録』を著わして程朱の理気心性を排したため幕府の怒りを受け赤穂に配流。のち許されて江戸に帰る。著書に『武教要録』『中朝事実』など。（一六二二～八五）

＊天縦
天から許されること。

第二章　神道と儒・道二教の伝来

仮名文字の活用と教育制度の普及

清純快活でありました民族生活にもその後、大陸との交通はだんだん複雑な影響を生じました。古伝によっても、また考古学によりましても、わが国と海外との交通は神代から行われていたようでありますが、それがはっきり文献の上に現れてきたのは応神天皇以後のことであります。

*応神天皇の十五年、*百済王《くだらおう》が阿直岐《あちき》を使節として良馬を献じました。この阿直岐は学問に通じた人でありましたので、天皇は皇子の稚郎子《わきいらつこ》をして彼に就いて学ばせられ、翌年さらに阿直

＊応神天皇
記紀で第一五代天皇。仲哀天皇の皇子。この時期、朝鮮・中国から渡来して技術を移入する者が多く、大和朝廷の勢力が大いに発展した。

＊百済
朝鮮古代の三国の一つ。四世紀半ば、馬韓北部に成立。のち高句麗に圧倒される。日本との関係が深く、仏教など大陸文化を伝え、日本古代文化の形勢に大きな影響を与えた。

岐の勧めにより百済の博士・王仁《わに》を招き、王仁は『論語』十巻、『千字文《せんじもん》』*一巻を持参し、稚郎子の侍講になったといいます。この皇子は大変に気象の勝れた人で、『日本書紀』応神天皇二十八年の条には、高麗《こま》王の表文に「高麗王、日本国に教う」とあるのを大変怒って、使者に無礼を詰責し、その上表を破ってしまったと出ております。一方、王仁の子孫は河内におりまして、西史部《こうちふびと》*となり、次いで帰化した後漢霊帝の子孫と称する阿《あ》知使主《ちのおみ》の子孫は東史部《やまとふびと》*となり、ともに朝廷の記録を司ることになりました。それから、欽明天皇の頃までに数多の博士たちが来朝してきて、朝廷の文運*を刺激しました。

その第一は文字記録の問題であります。いうまでもなく、その頃のわが国にはまだ文字というものはありません。神代文字説もありますが、学者は問題にしておりません。ともかく、重要なことは「言いつぎ、語りつがれ」てきておったのですが、社会生活の発展とともに、それでは、もはや不自由に堪えなか

＊千字文
中国、梁の周興嗣の撰といわれる。四言古詩二五〇句（千字）からなる。古く中国で、初学の教科書・習字の手本とされた。

＊西史部、東史部
五世紀前半に朝廷の記録を扱っていた役職。西は朝鮮文化を伝える百済人学者・王仁が担当し、東は漢文化を伝える阿智王の子孫が担当した。

＊文運
学問・芸術が盛んに行われている状態。文化が起こり栄える勢い。

った際でありますから、熱心に受け容《い》れられたのであります。それでも思想・学問としての影響を与えるまでには、かなりの歳月を要したことと信じます。稚郎子皇子が兄・仁徳天皇をさし置いて皇位に即《つ》かせられることを煩悶して、ついに身を殺して礼をまっとうしたということを、まったく儒教の感化のようにいう学者もいますが、それは儒者の我田引水論がよほど利いているのではないでしょうか。

王仁なども果たして純粋の儒者であるかどうか疑わしくないことも無いではありません。史部の連中の学力も怪しいものであったとみえて、*敏達《びだつ》天皇の元年、高麗の上表文を諸史が三日もかかってまだ読めず、東西の史部の連中は天皇から、

「汝等《みましら》習う所の業《ぎょう》何故にか就《な》らざる……」

とお叱りをこうむっております。

それよりもその頃は大陸から続々と渡来移住してきました人々による養蚕、紡績、鍛冶、醸造などの農工技芸の方が非常

＊敏達天皇　記紀で第三〇代天皇。欽明天皇の第二皇子。（五三八～五八五）

な影響をもたらしたのであります。しかし、純真で我見《がけん》のない、それだけ叡智に長けた日本人は着々と文字を習得し、思想・学問をも*心解《しんかい》してゆきました。

いったい、漢文字というものは非常に学習に困難なものとして今日も随分と排斥論が少なくありません。人間の発音をそのままに表し、考えを分かりやすく開陳してゆくためには何もこんなに難しいものはいらないのに、何故こんな込み入ったものを漢民族が発達させたのでありましょう。それは、

一　印象の深い自然現象、たとえば山や木や水や魚や日や月などそれからそれへと描いてゆく芸術的性能に豊かであったこと。

二　言葉をはじめすべて表現は、自然といわず、心といわずどうも本当にはゆきかねるため、真実を尊ぶ気持からなるべく真実を遠ざからぬよう、含蓄的な語音や文字を作

＊心解
心から咀嚼すること。

っていったこと。

三　言葉は時と所によって甚だしく変わってゆくため、そこに変わらぬ表現を求めたこと。

などに大きな理由がありましょう。

それは日本民族性にもすこぶる合致するものでありました。わが日本人はこれ幸いとどんどんこれを利用したばかりでなく、この文字の覚え難く、用い難い一面を補うため、これを巧みにくずして平仮名を作り、それをばまたもっと便利に、いつの間にか片仮名を作るようになりました。これは決して弘法大師*一人の発明によるものではなく、長年の間に民間の識者がだんだんこしらえあげてしまったのです。そして、漢字に自由に仮名をふり、仮名でものたらぬところは漢字を当てはめ、最初には棒読みしていた漢文も、奈良朝頃には立派に訳読するような天才的芸当を演じました。本場の中国ではこの頃（昭和十一年当

＊弘法大師　空海の諡（おくりな）。

時）やっと略字や仮名をこしらえる騒ぎをやっている次第であります。われわれは今後も世界の必要に応じて、どんどんローマ字でも、エスペラントでも、応用すると同時にまた、祖先が苦心利用してきた漢字文に大いに通じなければなりません。

かくて、大いに教養を進め、文化を興す必要を痛感された朝廷では、*天智天皇の御代、学校を立てて、百済の*鬼室集斯《きしつしゅうし》を大学頭《だいがくのかみ》に任じ、博士、学生をおいて教育の業を始めました。*天武天皇もまた京に大学、諸国に国学を設け、*文武天皇の大宝令制定とともに、京の大学、地方の国学・府学などの学制が備わり、『論語《ろんご》』『孝経《こうきょう》』をはじめとし、『左傳《さでん》』『礼記《らいき》』『詩経《しきょう》』『周礼《しゅうらい》』『儀礼《ぎらい》』『周易《しゅうえき》』『書経《しょきょう》』『文選《もんぜん》』『爾雅《じが》』『史記《しき》』『漢書《かんじょ》』『後漢書』『晋書』などを教授することにして、専ら官吏の養成に努力いたしました。

地方の教育制度が果たしてどれほど普及し実行されたかはっきりいえませんが、これに刺激されて、大氏族が私立学校を興

＊天智天皇　日本書紀で第三八代天皇。大化元年、中臣鎌足と図って蘇我氏を滅ぼし、皇太子として改新政治を主導。即位後、都を大津に移し、近江令を制定した。（六二六〜六七一）

＊鬼室集斯　百済からの帰化人。天智天皇の時、学識頭となり、近江蒲生郡に住んで帰化人の教導にあたった。（？〜六六五？）

＊天武天皇　日本書紀で第四〇代の天皇。六七二年に挙兵して大

して教学に力めだしたことは注目すべきことであります。それに仏教が伝来し、天武天皇の御代、諸国に仏寺を作らせ、大宝二年（七〇二）には国師を配置し、*聖武天皇の御代には有名な*国分寺が創建されるにしたがって、ここに京より派遣される講師、寺僧から任命される読師らが仏教ばかりでなく、盛んに儒書の講義もいたしました。これらのことは広く朝野に大きな思想的影響をおよぼしたことは申すまでもありません。

神道と契合した儒教・道教の思想

もちろんこのようにして伝わりましたものは、後世の*宋学《そうがく》とは違った初期儒教であります。儒学のよってたつところは、天地の生成化育を体認して、これを人間に実践するにあります。儒教の宗師《そうし》たる孔子はこれを仁徳として、力を極めてこの「仁」を唱導いたしました。彼は『論語』に「怪力乱神を語らず」と

友皇子を破り、飛鳥浄御原に即位。在位中、国史の撰修に着手、律令体制を推進した。（?～六八六）

＊文武天皇
第四二代天皇。大宝律令を制定。（六八三～七〇七）

＊聖武天皇
第四五代天皇。光明皇后とともに仏教を厚く信仰。（七〇一～七五六）

＊国分寺
天平一三年（七四一）に国家鎮護、五穀豊穣を願った聖武天皇の命により造営された官寺。

いい、

「未だ生を知らず、いずくんぞ死を知らんや」

といったと伝えられておりますように、直接、人生に用のない非現実的な問題や、死後のことなどはしばらく置いて、天地が一物をも棄てず、万物を包容して、幾千万年悠々と化育をつづけてきたように、人生の一切を寛容して「恕《じょ》」、倦《う》むことなく、厭《あ》くことなく、これを向上進歩せしめねばやまない「忠」の信念に燃えていました。彼の忠実なる弟子の曾参*が、

「夫子の道は忠恕のみ」

と道破*《どうは》したゆえんであります。

そして、天地は万物の調和でありますように、人間の仁徳はやはり一切を調和し組織するものでなければなりません。この意味において、彼はまた「礼」ということをやかましく重んじました。調和あり組織あるところに生命の存続発展があります。人はこの組織脈絡の枢機を握って、往《おう》を継ぎ、来《らい》を開くもので

＊宋学
中国・南宋の朱子が興した朱子学、同じく南宋の陸象山や明の王陽明が興した陽明学などの新儒教の総称。

＊曾参
孔子の門弟曾子のこと。親孝行として知られ、父の死後、父が好んでいた「羊棗」（野生の柿）を食べなかったという逸話がある。（前五〇五〜前四三五）

＊道破
はっきりと言い切る。

なければなりません。これ孝の大切な意味でありまして、人は自ずから祖先を崇敬し、子孫を尊重し、常に祖先を在り日さながらに誠を尽くして祭るものであります。ちなみに、祀《し》は似《し》の意とも『孝経*』の註に見えております。ゆえに、孝と祭祀とは離れられないものであり、孝において祭祀は怠ってならぬものであります。

してみれば、「神の道」を「むすびの道」に重んじ、「人の道」を「神《かん》ながら」に置き、「みおやの道」「まつり」を尊ぶ日本民族にこれが契合《けいごう》し、随喜《ずいき》せられるゆえんは明瞭でありましょう。ことに孟子になりますと、戦闘攻伐やまずして、民、途方に迷うた戦国の時代に出でて、孔子の道を祖述《そじゅつ》*し、熱烈なる気概をもっていかに生くべきかの大道、すなわち「仁義」の道を宣《せん》揚《よう》いたしました。

孟子と併称《へいしょう》すべき荀子*は、ともすれば乱れやすく、懐疑迷信に走りやすい当時に、沈毅《ちんき》*な礼義の道を力説いたしました。

＊孝経
中国一三経の一つ。戦国時代に成立か。孔子と弟子の曾参の問答の形で孝道について述べ、孝を最高道徳、治国の根本とする。

＊祖述
先人の学説を受け継いで発展させること。

＊荀子
孔子の思想を受け継いだ儒学者。孟子の性善説に対して性悪説を唱えた。弟子に法家思想で知られる韓非子や李斯がいる。（前三一〇～前二三〇）

『荀子』儒效《じゅこう》篇に明言があります。

「先王の道は仁を栄えしめるに在る。仁は中に率《したが》って行わるべきもので、中とは何かといえば、礼義に外ならない。道は天の道でもない。地の道でもない。人間そのものの踏み行くべき道である。人間のなかでも無知蒙昧の者はしばらく置いて、立派な人格者たる君子がこれを行かねばならぬとする所のものである」

彼らの精神所説は大いにわが「みたまふり」「みたましずめ」の道に契合するものであります。現実的人道的精神に合致するものであります。

それればかりではなく、彼らの教えは個人道徳に止まらずして、家庭道徳を力説し、治国平天下を理想とするもので、道徳をそのまま政治にまで拡げ、政治を技術化しないであくまでも道徳に即せしめ、したがって政治と祭祀とも不可分にしたものでありますから、これまた、大いにわが国情と共鳴するところがあ

＊沈毅　落ち着いていて物事に動じないこと。

ったのであります。そこで儒教はぐんぐん、それも上層階級、指導階級にもっぱら広まってゆきました。ただし、ここに注意しなければならんことは、儒教の伝播《でんぱ》といっても、そこに少なからず道家の思想の影響のあることであります。

道家とは、孔孟の儒家に対して黄老《こうろう》（黄帝・老子）、あるいは老荘（老子・荘子、これは漢末から多く用いられるようになった語であります）の思想を中心に、当時の中国民間の種々なる思想信仰の集合したもののことであります。これは後漢の頃にインド仏教の伝来につれてつとに宗教的性質を触発して、「道教」として発展することになりました。

元来、儒教は荀子が明言しておりますように、あくまでも人道を力説したものでありますが、そのために末輩《まっぱい》*になりますと、ともすれば「こだわり」が多くて、自然の純真さを失い、偽善に陥って人生を窮屈にするきらいが少なくありませんでした。これに自ずから反感をもって現れたのが道家でありまして、彼

＊末輩　身分の低い者。また、技術などの劣る者。

らは故意に疎隔《そかく》された人間をふたたび天然にむすび、人為の二字を一つにして「偽《いつわり》」となりますが、とかくそうなりやすい人間の作為を排し、窮屈な形式道徳から解放して、生命を自由に展ばし、無理のない、楽々とした生活を繁栄させようと志したのであります。

だから、驚異すべき自然の神秘にも触れることをことさらに避けたり、さまざまな人間本具《ほんぐ》の性情をひたすら抑えつけたりしないで、小児のように生き生きと驚異し、願望しました。それだけに末輩ほどこれは迷信的になり本能的になる弊害が盛んになりますが、それはとにかくとして、これまた、わが古神道の「神ながら」にそのまま符合するものではありませんか。

ことにこの思想感情は、「体裁《ていさい》を繕い、修治の要の比較的少ない民衆」の間に、儒家よりずっと迎えられやすいのはいうまでもありません。現に王仁は別として、その後の史部の連中などは、延喜式*第八の献刀《けんとう》の呪《じゅ》を見ても、道家の思想の方を多分

＊延喜式　平安中期の律令の施行細則。五〇巻よりなる。九〇五年、藤原時平らが醍醐天皇の命により編纂を始め、時平の死後、藤原忠平らにより九二七年に完成。

に持っていたのではないかと十分想像されるのであります。

この道家と儒家とは、しかしながら、戦国末頃から次第に相影響、習合《しゅうごう》いたしました。そして、漢書などはことにその傾向が著しく、儒家の経典の主なものは多く戦国末から漢初にできましたので、儒教とはいえ、濃厚に道家・道教の影のともなっていることを知らなければなりません。まして、大学でも国分寺でも老荘の最も影響の大きい『晋書*』などを講じているのですから、余計そのことを確かに思うものであります。後世において神道に種々な変化を生じた因由《いんゆう》はここに察知されます。

ここに一つの大きな問題があります。それは儒教にからまる禅譲《ぜんじょう》*放伐《ほうばつ》*の論であります。元来、中国民族は不幸にして、わが国民のように、感激ある団結をもってその首長を奉戴《ほうたい》し、国家を肇造《ちょうぞう》発展せしめてきたような歴史を持ちません。弱肉強食的な生活競争の果てに次第に強力な支配者が現れて、その支配権をできるだけ拡大し確立するために人民を恣《ほしいまま》に搾取す

＊晋書
中国二四史の一つ。晋代の歴史を記した紀伝体の書。

＊禅譲
中国で易姓革命の思想から、天子がその位を世襲によらず、徳のある者に譲ること。権力の座を話し合いによって他に譲り渡すこと。

＊放伐
禅譲の逆。中国の易姓革命観による革命の一方式。徳を失った悪虐な君主を、徳のある者が武力で討伐・追放して、新王朝を建てること。

る権力的組織が政府なのでありますから、人民は為政者側から常に脅威を感じ、迫害を蒙ってきたのであります。したがって為政者側からいえば、何よりもまず必要なのは強制権力でありましょうが、人民からすれば、何よりも有り難いのは仁徳であります。荒《すさ》まじい世の中に親の如く、天の如く臨んでくれる為政者であります。

もしかような仁徳ある有力者が現れたならば、確かに人民は*翕然《きゅうぜん》として、それこそ今（昭和十一年当時）も河南や山東の貧民が洪水のように満洲に流れ込むように、これに帰往《きおう》するでありましょう。しかるに、多衆の団結ほど強いものはありませんから、結局、人民の帰往する仁徳の有力者が一番強力者――支配者となるわけであります。そこで中国では自然に有徳《ゆうとく》作王《さおう》の観念ができあがってしまいました。そして、聡明な先覚者は単なる力をもって大衆を支配することのいかに危険なものであるかということを実証し、民に臨むに徳をもってすべきこ

＊翕然 多くのものが一つに集まり合うさま。

とを政治の道として熱心に説教いたしました。これが王覇の別でありまして、王は往と同義で、天下の帰往するところである、天下が帰往しなければ王ということができないとか、「王」は天地人の三才*を一貫するという文字で、天命を受けて地上に現れた大仁者を王というのであるというふうに考えたのでありま す。この政治道徳観の発達とともに、王位は私すべきものではなくして有徳者に禅譲するべきものであるという考えが行われ、何よりも無私になり難い支配権、王位をば有徳者に譲る人こそ聖人であるということになり、*堯舜《ぎょうしゅん》の神話化とともに、いつしか堯舜禅譲説ができあがりました。

あるいは、それよりも前に支配権の争奪そのものを何とか潤色して、為政者自身や人民の良心をなだめる思想、たとえば、*湯王《とうおう》が桀《けつ》を伐ち、*武王が紂《ちゅう》を伐ったのは、「決して権を奪ったのではない、天命が人望を通じて自ずから有徳に帰したのである。桀紂は不徳によって王者たる資格

＊三才
天と地と人のこと。

＊堯舜
いずれも中国・古代の伝説上の帝王。徳をもって天下を治めた理想的な帝王とされる。

＊湯王
中国、殷王朝の創始者。成湯ともいう。名臣・伊尹らとともに夏の桀王を討って殷王朝を建国した。

＊武王
中国・周王朝の始祖。前一一世紀の人。殷の紂王を滅ぼして天下を統一した。

を失い、実は匹夫*に過ぎないものである」

という革命思想・放伐思想のほうが行われたかも知れません。

『書経*』の中にはこの思想が明らかに存しております。

孔子は着実に、庶民といわず、為政者といわず、すべて人としての円満な修養を力説して、激越な議論がましいことをいっておりませんが、孟子になると、その時勢が甚だしい乱世であったのにふさわしく、革命思想が旺盛であります。荀子もこれを認めながら、彼は組織制度によって、できるだけ動揺を防ごうとしている点に特色がうかがわれます。

有徳作王説はいかに社会的妥当性があっても、説としては甚だ危険性を持っておることは争えません。人心が帰往するということは、王者たるの根本的実質より自ずから生ずる枝葉花実であって、人心が帰往するとせぬとは元来、王者たるの本質には寸毫《すんごう》の増減もないことです。まして人心の帰往と申しますが、実際はいかにしてそれを測知することができるのでしょうか。

＊匹夫　道理を知らない凡庸な男。

＊書経　中国の五経の一つ。堯・舜から夏・殷・周の王者およびそれを補佐した人々の言辞の記録。儒家の理想政治を述べたものとして最も重要な経典。

多数の民衆はなかなか素直に徳に服しません。少数の知識階級や社会運動者によって人心が代表されたり、どうかすると、一、二の煽動政治家のためにとんでもない輿論《よろん》なるものが喚起されることもあります。

人心の帰往などと申しますが、すこぶる怪しげなものが少なくありません。そこには欺瞞や策略が巣くいやすく、王者の必然的美果たる「人心の帰往」はやがて覇者姦雄の長ずる「人心の収攬《しゅうらん》」*に変じ、革命という美名の下に簒奪《さんだつ》*が行われやすいのであります。

中国においてさえ、その理由で特に『孟子』は警戒されまして、明の太祖などは『孟子』から危険なところを抜き去って、定本を作らせたほどですが、ましてわが日本の国体ではこの説はすこぶる用心されて、大宝いらい大学・国学にも用いられず、わが国人の孟子を忌避することを中国の書（たとえば明の『五雑俎《ござっそ》』）にも伝えております。しかし、わが国体からいえば、

＊人心の収攬　人々の心を集めて自分の手に握ること。

＊簒奪　帝王の位を奪い取ること。

こんなことはもはや少しも恐るるに足りないことなのですが、当時としてはそうなければならぬことでした。

これは平安朝頃からぼつぼつ論じられ、徳川時代に名分の論*が起こり、国学が盛んになるとともに、大いに力説されたことであります。そういう旺盛な生理機能と同じように排すべきものはどんどん排して、日本精神による同化作用が進行いたしました。仏教についてもさようであります。

＊名分の論
大義名分論。朱子学により確立された善悪正邪を判断するための学問。水戸学の国体論に影響を与えた。

第三章　神道と仏教の伝来

聖徳太子の帰依と仏教の興隆

仏教も学者の研究によれば、欽明《きんめい》天皇以前すでに伝来してお
ったと思われる節もありますが、『日本書紀』によれば、欽明
天皇の十三年、百済の聖明王が金銅《こんどう》の釈迦像一体、経論およ
び幡蓋《ばんがい》*などを献じ、上表の中に、
「この法は諸法の中において最も殊勝《すぐ》れたり。解り難く入り
難し、周公孔子もなお知ること能《あた》わざりき。この法は能《よ》く無
量無辺福徳果報を生じ、すなわち無上菩提を成し辨《わきま》うるに至
る。譬《たと》えば人の意に随う宝《ほう》を懐きて用うべき所に随いて盡《ことごと》く

*幡蓋
幢幡（どうばん）と天蓋。

情《こころ》のままなるが如し。この妙法の宝もまた然《しか》なり。祈め願《もと》うこと情のままにして乏しき所なし云々」と述べております。

このことは朝野に大きな衝撃を与えました。さまざまな神を崇拝し、素朴な「ひもろぎ」の信仰を持ち生命を愛する日本人に、七宝荘厳*の仏像や、その礼拝形式はいかに驚嘆の情を刺激したことでありましょう。神ながら言挙《ことあ》げせぬ性質に形容詞豊かな想像と論理の大じかけな経論の説明はどんなに感動を与えたことでありましょう。初めて聞く数々の仏たちのことは自ずから諸々の神々を連想せしめたでありましょう。さればこそ、始めはこれを蕃神*《ばんしん》となり国の神と申したのであります。これが朝廷の帰依《きえ》を得て、その外護*《げご》の下にほとんど行政上の大問題として弘通*《ぐつう》せしめられたために、たちまち仏教は日本にどんどん興隆いたしました。

推古天皇*御即位とともに、その御兄・用明天皇の第二皇子・

＊七宝荘厳
七宝とは仏教の宝物。『無量寿経』では、金・銀・瑠璃・玻璃・しゃこ・瑪瑙・珊瑚をいう。七宝荘厳は七宝を用いて、仏像・仏堂を美しく飾ること。

＊蕃神
外国人が信じている神。または外国から渡来した神。

＊外護
朝廷に護られて。

＊弘通
仏教や経典が広まること。

厩戸豊聡耳皇子《うまやどのとよとみみのみこ》（聖徳太子）を立てて皇太子に定め、特に摂政として万機を委《ゆだ》ねました。聖徳太子は聡明絶倫の人で、一度に十人の訴えを聞いて、ちゃんと誤りなくさばかれたと申します。したがって、つとに儒・仏の教えにも熱心に参究《さんきゅう》していられたことは申すまでもありません。かつ、すこぶる先見の明があったところへ、摂政になられたのがいまだ二十歳の年少気鋭の年頃でありました。

当時、朝廷のありさまは豪族の嫉視《しっし》排擠《はいせい》*や陰謀闘争が深刻をきわめ、どうしても彼らの専横を絶滅して、朝権の確立を図る必要にさし迫られておりました。そのために、叔父君である崇峻天皇まで非命に倒れているほどで、多感穎悟《えいご》*の年若き太子の心中は容易ならぬものであったと推測できます。おそらく太子は内において、豪族を退けることを期しつつ、故意に事態を紛糾させることの不利なのを深慮するとともに、大いに新しい文化を入れて、朝廷の権力や輿望*を重くし、頑迷な豪族を時代

＊推古天皇　記紀で第三三代天皇。欽明天皇の第三皇女。敏達天皇の皇后。崇峻天皇が蘇我馬子に殺されると推されて即位。聖徳太子を皇太子・摂政として政治を行い、飛鳥文化を現出。（五五四～六二八）

＊排擠　退けおとしいれる。排斥。

＊穎悟　優れて悟りの早いこと。賢いこと。

＊輿望　世間の期待。

的に敗退させる見識であったのでしょう。そういう政治的問題の奥に、人生や社会生活について深い深い瞑想もうかがわれます。

推古天皇は即位後まもなく、三宝*興隆の詔《みことのり》を発せられました。その前年には有名な難波の四天王寺*ができております。多くの名臣たちは、詔に応じて、上は天皇のため、下は各自父母の恩に報いるため、競うて寺を造りました。この勢いに乗じて半島からもどんどん僧侶が布教にまいりますし、わが国最初の大寺といわれる法興寺《ほうこうじ》*も落成しました。その時、つまり推古天皇の十二年、聖徳太子によって憲法十七条が発布されたのです。その第二条には、

「篤《あつ》く三宝を敬え。三宝とは仏法僧なり。則ち四生《ししょう》の終帰《しゅうき》、万国の極宗《ごくそう》なり。何の世、何の人かこの法を貴ばざる。人尤《はなは》だ悪しきもの鮮《すくな》し。能《よ》く教うれば之に従う。それ三宝に帰せずんば、何を以てか枉《まが》れるを直さん」

＊三宝
三種の宝で、仏教では仏と仏の教えである法と、その教えを広める僧のこと。

＊四天王寺
五九三年に聖徳太子によって建てられた日本最初の仏法寺院。

＊法興寺
元興寺・飛鳥寺の別名。奈良県明日香村飛鳥にある真言宗の寺。蘇我馬子が建立。

とあります。

三宝とは申すまでもなく仏法僧のこと。四生とは胎生《たいしょう》（人畜）、卵生（鳥類）、湿生（虫類）、化生《けしょう》（変化《へんげ》類）のことでありますが、実に徹底した仏教の信仰奨励であります。

その翌年、天皇の詔によって、皇太子および諸王諸臣とともに*丈六《じょうろく》の銅*繍《しゅう》仏像各一体を造るべく御発願があり、これを伝聞しました高麗の大興王は特に黄金三百両を献上して、できあがったものは法興寺の金堂に安置されました。その年から四月八日に*灌仏会《かんぶつえ》、七月十五日に盂蘭盆会《うらぼんえ》が行われることになりました。こういういわゆる多造塔寺の像法《ぞうほう》の外に、聖徳太子はまた天皇の御前において、勝鬘経《しょうまんきょう》や法華経を御進講になり、次いで勝鬘経*疏《しょ》、維摩経疏《ゆいまきょうしょ》、法華経疏《ほっけきょうしょ》と三経義疏を著したのであります。

この仏教御帰依は後世になって一派の非難するところとなり、十七条憲法にも仏教を奨励して、神祇《じんぎ》におよばれぬことや、蘇

＊丈六　高さ一丈六尺の仏像。

＊繍仏　縫取りで造った仏像。

＊灌仏会　釈迦の誕生日である四月八日に花御堂に安置した釈迦像に甘茶を注ぎ礼拝する法会。

＊疏　経典などの注釈書。特に語句に注釈を加えたもの。

我馬子に対する態度などを挙げて、不忠の評すらあるのですが、馬子に対してはずいぶん議論もあるでしょうが、神祇については決して閑却《かんきゃく》したのではありません。それどころか、憲法発布の後三年、

「朕《ちん》聞く、曩昔《むかし》、我が皇祖天皇の世を宰《さい》したまうや、天に跼《きょく》し、地に蹐《せき》して、敦く神祇を礼《うやま》い、周く山川を祠り、幽《はるか》に乾坤《けんこん》に通わす。是《ここ》を以て陰陽開和し、造化ともに調《ととの》いたりと。今朕の世に当たって、神祇を祭祀すること豈《あ》に怠るべけんや。故に群臣宜しく相共に心を竭《つく》して以て神祇を拝すべし」

と詔勅しているのであります。

そして間もなく、天皇は太子および群臣を率いて、厚く天神《てんしん》地祇《ちぎ》を祀っておられます。これは実に有り難いことでありました。思想信仰の問題というものは、まことに微妙な、注意すべき大事でありまして、仏教の急激な興隆なども、確かに調子に乗って、とんでもないところに逸《そ》れかねぬ危険性が多分に在っ

たのであります。

西暦前千五、六百年頃からインドのパンジャープ地方にやってきたアリアン人種が、その雄大荘厳な大自然に驚嘆讃仰の情を禁ぜずして、ここに四種の讃歌、吠陀ヴエダ*Vedasを作り、祭祀を始め、その讃仰祭祀内省がだんだん梵書《ぼんしょ》*Brahmanasや優婆尼沙土《うばにしゃど》*Upanishads哲学を生じ、この間ガンガ流域に勢力を占めるようになるにつれて、先住民族との間に生ずる惨澹たる軋轢闘争の苦悩が、中国よりもまた別趣の悲惨な社会を実現しました。この点、実にわが日本と天地の相違があるのであります。

仏教は釈迦によって、いかにこの現実の苦悩、単に人間としての生老病死などの苦悩ばかりでなく、民族的、国家的生活苦より解脱すべきかの道を説かれたものでありますから、元来はどうしても超国家的性向を免れません。現に、前述の法興寺が起工された年、というと推古天皇即位の前年でありますが、仏

＊ヴエダ
古代インドの宗教。また、その儀式や聖典を指す。

＊梵書
ブラーフマナ。ヴェーダの儀式で唱えられるマントラを説明した書。

＊優婆尼沙土
ウパニシャッド。インド哲学の奥義書。数百年にわたって作られたもので、ブラフマンとアートマンの探求が核心となっている。

教徒はこれを法興元年と呼び、それが後にできた法隆寺の薬師仏光背銘や伊予の湯岡碑《ゆのおか》（太子は伊予の道後に行っていた）などにちゃんと用いられているのであります。わが国の年号は「大化」が始めでありますが、西洋の法権、王権の対立などから考えて、寒心させられる問題であります。かような危険も日本は何の苦もなく祓いのけていっているところに真に神ながらの国体ということを痛感させられるではありませんか。

三経（勝鬘・維摩・法華）を選んだ太子の見識

経の註疏《ちゅうそ》*についても、太子御直筆の草稿本として、帝室の御物に残っております法華経義疏の最初に、

「これは是《こ》れ、やまとの国上宮王《じょうぐうおう》、私に集むるところにして、海のかなたの本《ほん》に非《あら》ず」

と記しています。

＊**註疏**　本文の詳細な説明。

すなわち、自分の独見創意だということを明言しておりまして、太子が特に重んじられた梁《りょう》の法雲の註疏などに対しても、常に「私に懐《おも》うには」とか、「私の意《こころ》は」とか、「今は」とか、断っていっこう旧註にかかわらず、自主的見解を示しておられます。ことに心うたれるのは「山間に就き、常に坐禅を好む」（義疏巻四）出家仏教に対して、あくまでも在家仏教を取っておられたその確かな信念です。

そして、伝説によりますと、推古天皇即位のはじめ、太子は四天王寺の付近に施薬《せやく》院、療病院を建てて貧民のために医療の方法を講じられ、憐れな頼《よ》るべもない孤独の窮民のために悲田院を作ったり、戒律修行のために敬田院を設けられたということでありまして、つまり、社会事業に力を尽くされたのでありま す。太子を思えば、梁の武帝など愧死《きし》*すべきものであると感じます。そしてこの三経、すなわち勝鬘経、維摩経、法華経を選択されていることについてもその見識に感嘆せざるを得ませ

＊愧死　深く恥じて死ぬこと。また、死にたくなるほど恥ずかしく思うこと。

ん。

勝鬘経はインドの阿踰闍国《あゆじゃこく》の友稱王《ゆうしょう》の妃である勝鬘夫人が仏陀に就いて、女の道を聞いた次第を説いたものであります。

その肝腎は、

一　これより後、所受の戒において犯心を起しませぬ

二　諸々の尊長*においで慢心を起しませぬ

三　諸々の衆生において恚心《＊いしん》を起しませぬ

四　他の身色《しんしき》および外の衆具において嫉心を起しませぬ

五　内外の法において慳心《＊けんしん》を起しませぬ

以上を自ら非を防ぎ悪を止める摂律儀戒《＊しょうりつぎかい》と申します。

六　自ら己のために財物を受け蓄えず、すべて所受あれば貧苦の衆生のためにつくしてやりましょう。

七　自ら己のために四摂法（布施、愛語、利行、同事）を行ぜず、一切衆生のためのゆえに、無愛染心《＊あいぜんしん》、無厭足心《＊えんそくしん》、無罣礙心《＊けいげしん》をもって衆生を摂受いたしましょう。

＊尊長　目上の人

＊恚心　怒る心。恨む心。

＊慳心　欲の深い心。

＊摂律儀戒　固く戒めを守り、威儀を整え、すべての悪をなさぬこと。

＊愛染心　人や物に引きつけられ、執着する心。

八　もし、孤独、*幽繫《ゆうげ》、疾病、種々の厄難困苦の衆生を見ては捨ておかず、必ず安穏ならしめようと願い、義をもって助け、衆苦を脱せしめて始めて手離しましょう。

九　罪を犯す衆生を見ては、力を得た時、折伏すべきは折伏し、摂受すべきは摂受しましょう。

右はもっぱら利他を誓う*摂衆生戒《しょうしゅじょうかい》と申します。

十　正法を摂受して忘失いたしませぬ。

これを*摂善法戒《せつぜんほうかい》といい、併せて三聚浄戒《さんしゅじょうかい》と称します。

という夫人の十大受と、

一　この実願をもって無量無辺の衆生を安慰いたしましょう。

この善根をもって、一切生において正法智《しょうほうち》を得ましょう。

二　正法智を得てから無厭心をもって衆生のために説きましょう。

三　正法を摂受するにおいて、身《しん》・命《みょう》・財を捨てて正法を

＊厭足心　飽き足りる心。満足する心。

＊罣礙心　煩悩、妄想のこと。

＊幽繫　つなぎとじこめること。

＊摂衆生戒　三聚浄戒の一つ。一切の衆生を生かしめる戒律。

＊摂善法戒　三聚浄戒の一つ。一切の福善を行うこと。

護持しましょう。

という三大願にありました。太子はこれを女性であった推古天皇はじめ婦人たちのために用いたのであります。

維摩経は、*毘耶離城《びやりじょう》中の長者で、久しく無量の諸仏を供養して深く善根を植え、無生忍《むしょうにん》（宇宙の真体に安住すること）を得て*無礙《むげ》の辯才《べんさい》あり、自由自在に真理に遊び、*方便に通達し、仏道を極めていた維摩詰《ゆいまきつ》が、人を済度《さいど》するための方便に毘耶離に居住して、無量の資財をもって貧民を救い、在俗のまま能く浄行を持し、街頭においても、学校においても、酒場においても、淫舎においても、行くとして感化せぬはなかったが、ある時、方便に病身となって、見舞いに集う人々のために縦横自在に法を説き、さすがの釈尊の高足たちをも参らせてしまって、ついに*文殊師利《もんじゅしり》と*妙理を*玄談《げんだん》するというすこぶる戯曲的なお経です。これを太子は男子のためにもっぱら採られたのであります。

＊毘耶離城　維摩詰の住んでいたインドの城の名。

＊無礙　何ものにも妨げられないこと。

＊方便　仏が衆生を教化・救済するために用いるさまざまな方法。

＊文殊師利　智恵を司るとされる菩薩。

＊妙理　非常にすぐれた理論。

法華経は釈門最終の妙法といわれるものでして、簡明に説くならば一経の要旨は、諸法の体性は真実無妄なりしとする真《しん》性軌《しょうき》、一切の迷妄を打破して真理を示現する観照軌《かんしょうき》、これを助ける万行の資成軌《しじょうき》の三軌に帰することができます。換言すれば、如来の大慈悲を室《むろ》とし、柔和忍辱《にんにく》を衣《え》とし、諸法の空を座とし、これにおって、ために法を説くのであります。この三軌はその徳広大で、仏の三身に当たっております。忍辱の衣は二辺の情を滅ぼし、自他の争いを止めるものでありますから法《ほっ》身《しん》であります。諸法空は般若の智徳で報身というべく、大慈悲室は解脱自在の応身に外なりません。かくして、一切の善根功徳が皆一乗の妙法、すなわち、そのまま仏法であり、仏となるゆえんであることを説いております。

三経ともに大乗仏教の根本的経典でありまして、これをインド仏教が仏成道三七日以後、*鹿野苑《ろくやおん》において劣機鈍根の者にこんこんと説かれたという*阿含《あごん》に発し、中国仏教が着実卑近な四

＊玄談　奥深い真理に関しての話。

＊鹿野苑　釈迦が法を説き帰依者を得た聖地。

＊阿含　釈迦の説いた教法のことで、原始仏教の教典。

十二章経から起こっているのに較べると、日本仏教の高邁な起こりに感服せざるを得ません。

維摩詰を形容した「心の大なること海の如し」というにふさわしい聖徳太子は、その註疏にまた『論語』も『孝経』も『左伝』も『老子』も自由に引用しているということも看過できないことであります。＊国書に示された気概などもこうして観てくれば、なおさら頷けるではありませんか。

こうした努力によりまして、仏教教理の理解、信仰の向上に大なる進歩がありましたが、ただし一般知識階級の実際は、古神道における同じく素朴な現実生活の平和と幸福、感恩と報謝を旨とする祈禱宗教でありました。ただそれが国家生活と遊離したり、＊背馳《はいち》したりしないで、かえってあくまでも鎮護国家化していったことを偉大な神道精神の力として注意しなければなりません。

＊国書　漢籍・仏典などに対して、日本で書き著された書物。

＊背馳　食い違うこと。理に背くこと。

第四章　平安朝仏教と本地垂迹思想

仏僧の権勢と綱紀の弛緩

その後、大化の改新*を経て寺院はますます増加し、推古天皇の頃、五十に足りなかったものが、持統天皇*の頃には五百をはるかに越えるようになり、聖武天皇の勅願《ちょくがん》によって諸国に国分寺ができるとともに、仏教は儒教と相俟《ま》って大いに学芸の進歩や教化の普及、産業、交通の開発に貢献しました。

教説の方から見ましても、天武天皇の頃から法華経とともに仁王経《におうきょう》や金光明経《こんこうみょうきょう》が主に講じられております。仁王経は諸王に妙理《みょうり》を説いて、この経を信奉するならば、五千の大鬼神の王

＊大化の改新
六四五年、中大兄皇子（のちの天智天皇）、中臣（藤原）鎌足らが蘇我氏を打倒して始めた古代政治史上の一大改革。氏姓制度による皇族・豪族の支配を否定して、中央集権的支配の実現へと向かった。

＊持統天皇
日本書紀で第四一代天皇。天智天皇の第二皇女。（六四五〜七〇二）

なる五大力の菩薩をして、その国を護らせようといい、金光明経には国王に対する教訓、国家のこうむる特別の冥助《*みょうじょ》、辯才天や吉祥天の攘災致福《じょうさいちふく》の利益などが周到に説かれております。これらは法華経と併せて護国三部経典といわれ、斉明天皇*の頃から、鎮護国家のために一百の高座を設けて仁王経を講讃する仁王会《え》が開かれたり、金光明経を講ずる最勝会《え》もだんだん盛んになりました。四天王寺もこの経に基づいて建立されたものであり、国分寺はすなわち金光明四天王護国の寺、国分尼寺は法華滅罪の寺なのであります。

聖武天皇の信仰にいたっては、東大寺大仏建立をはじめとし、とかくの非難もありますが、天皇は終始、国家民衆の繁栄幸福を念願され、大仏を造る時も、わざわざ詔を下し、民衆を顧慮しておられます。そしてやはり、同時に神祇《しんぎ》の崇敬も厚く、神《じん》龜《き》二年（七二三）の社寺を清浄にするの詔には、「神社に関して特に宜しく国司長官自ら幣帛《*へいはく》を執り、慎みて清

***冥助**
神や仏の加護。おかげ。冥加。

***斉明天皇**
日本書紀で第三七代天皇。（五九四～六六一）

***幣帛**
神前に供える物の総称。贈物、進物。

掃を致し、常に歳事《さいじ》と為《な》すべし」

といわれております。

しかるに、ここにまた注意しなければならぬ事態が起こってきております。それは仏教の興隆と、ことに朝廷の尊信によりまして、時を得た僧侶の間には、ようやく宗教家としての使命を忘れて政権欲に駆られ、国政を攪乱する傾向を生じたことであります。

元来、仏僧は出家の身でありますから、政治のことなどには携わるべきでなく、名利は求道上《ぐどうじょう》の大賊なのでありますが、それは純理でありまして、豪族が崩壊して大化の改新が行われたとはいえ、その新政も実は名門貴族を根本的に抑制するようなことはできなかったのです。だから、依然として一部特権階級（藤原氏とか橘氏）などに勢力は壟断《＊ろう》されて、登龍門戸はいっこう人材のために解放されておりませんでした。しかるに、僧侶の階級に限り比較的人材本位で、卓出した者は自由に宮廷

＊壟断
壟は丘の意。丘の高く切り立ったところ。利益を一人占めにすること。

＊義淵
奈良時代の法相宗の僧。唯識を学び、竜蓋寺（岡寺）を開く。僧正となり、その門下から玄昉、行基、良弁などが輩出した。（？～七二八）

＊玄昉
奈良時代の法相宗の僧。七一六年勅によって入唐、七三五年帰朝。宮廷の崇仏の機運に乗じ政界に進出、橘諸兄、吉備真備らと結ん

に出入りして政権を動かすこともできたものですから、志気才力あって世に平らかならぬ者は相率いて仏門に趨《はし》り、ここより名聞利達の道を求めたことも止むを得ぬ実情でありました。聖武天皇の頃、*義淵門下の高足・*玄昉《げんぼう》はかくして宮廷に勢力を振るい、藤原氏と権勢を争って失敗した一人であります。玄昉よりもさらに有名なのはもちろん*道鏡であります。彼は大臣禅師より太政大臣禅師という空前の地位に上り、法王にまで任ぜられ、ついに天位を*覬覦《きゆ》するにいたったので、*和気清麻呂の宇佐八幡神託による、

「我が国家は開闢《かいびゃく》以来君臣定まれり。臣を以て君と為すこと未だ有らざるなり。天《あま》つ日嗣《ひつぎ》は必ず皇緒を立てよ。無道の人は宜しく早く掃除すべし」

という万古不変の*断案の宣告を受けて、間もなく没落し去ったことは今さら申すまでもありません。彼に関しては一《いっ》に*称徳天皇の寵遇によるようにいわれていますが、実は*藤原仲麻呂

で権勢を張ったが、藤原広嗣のために筑紫観世音寺に流されて没した。（?～七四六）

＊道鏡　奈良末期の僧。孝謙天皇（のちの称徳天皇）の信頼を得、藤原仲麻呂の乱の後、太政大臣禅師、法王となる。天皇の地位をも狙ったが、和気清麻呂らに阻止され頓挫。（?～七七二）

＊覬覦　身分不相応なことをうかがい狙うこと。

（恵見押勝）との政争に勝ったことが大いに因をなしているのであります。そんなわけで、一部の学者は彼の失敗も政敵のために謀られたものであり、忠誠な清麻呂も巧みに利用されたのであるというておる程であります。しかし、このことは日本国体と宗教の関係を観《み》る時、絶好の断案資料でありまして、事に当たって烈々と発揮される日本精神（神ながらの道）の厳粛さに深く感動せしめられることであります。

政権欲のほかにまた狡猾な僧侶は優遇されるを良いことにして、ひたすら安逸を貪ったり、課役を免れる手段に利用したり、寺領の増加は国庫収入を減少させ、寺院と結託して脱税を謀る者ができ、それに何といっても、寺を造ったり、仏を造ることのために国費の濫費は免れず、宗教的精神から免租だ、減刑だ大赦だという慈悲が過ぎやすく、かえって綱紀の弛緩を招き、本来の神祇礼拝がお留守になるという弊害が続出いたしました。

そこで、光仁天皇*も、

＊和気清麻呂　奈良末・平安初期の廷臣。（七三三〜七九九）

＊断案　最終的な考えを決めること。

＊称徳天皇　第四八代天皇。道鏡を重用し、専制を許した。（七一八〜七七〇）

＊藤原仲麻呂　奈良時代の公卿、太政大臣。儒教主義的な政治をすすめ力を誇示したが、孝謙天皇が道鏡を信任したことから反乱を起こし、近江国

「聞くならく*緇侶《しりょ》の行事、俗と別《わか》たず。上は無上の慈教《じきょう》に違い、下は国を有《たも》つの通憲《つうけん》を犯すと。僧綱率いて之を正さば、孰《いずれ》かそれ正しからざらむや。又諸国国師、諸寺鎮三綱、および講復を受くる者、罪福を顧みず、専ら請託を事とし、員復《ま》た居多《きょた》にして、侵損少なからず、斯《かく》の如き等類、更に然るべからず。宜しく護国の正法を修めて以て禍を転ずるの勝縁を弘むべし。凡そ厥《そ》の梵衆、朕の意を知れ」

との詔を出して、また、

「神祇を祭祀するは国の大典なり。若し誠敬ならずんば何を以てか福を致さん。聞くならく、諸社修まらず、人畜損穢《そんえ》し、春秋の祀もまた怠慢多しと、茲《ここ》に因って嘉祥降らず、災害荐《しきり》に臻《いた》る。ここに斯《こ》れを念《おも》いて、情深く慚惕《ざんてき》す。宜しく諸国に仰せて更に然らしむることなかるべし」

と誡《いまし》めておられるのです。

もし外国であるならば、あるいは仏法と王法、国法とはや

高島郡の合戦で敗死。（七〇六?～七六四）

＊光仁天皇　第四九代天皇。道鏡を下野に左遷し、和気清麻呂を召還するなど、前代の仏教偏重の政治を改めた。（七〇九～七八一）

＊緇侶　緇は黒色の絹、即ち僧侶の意。

は り大衝突するにいたったかも知れないのですが、偉大な日本精神はその後ますます仏教を日本化、皇国化してゆきました。それは平安朝における南都六宗*（三論《さんろん》・成実《じょうじつ》・法相《ほっそう》・倶舎《くしゃ》・華厳《けごん》・律《りつ》）より新興二宗（天台・真言）を観てまいりますと明瞭であります。

最澄・空海の活躍と本地垂迹思想の流行

延暦四年（七八五）、その心も姿も美しく尊かった十九歳の青年僧・最澄*は、求道の念やみがたく、虚栄と堕落の都市仏教を厭うて、比叡（日枝＝日吉）の山に逃れ、心を澄ませ、欲を絶って修道に精進し、父母の恩、衆生の恩、国王の恩、三宝の恩に報いんため、毎日、法華経、金光明経、般若経などを読誦して一日も怠りませんでした。その宗教的精神、人物に深く感動したのは、時の宮中に仏事の職を奉じておりました寿興《じゅこう》とい

＊南都六宗
奈良の諸寺で行われた仏教。

＊最澄
日本天台宗の開祖。延暦二三年（八〇四）入唐。帰国後、比叡山に比江山寺（のちの延暦寺）を建立。傳教大師。（七六七～八二二）

う僧でありました。この人との道交がおそらく彼をして桓武天*皇の知遇を受けるにいたらしめた機縁でありましょう。そのうちに、彼の高邁熱烈な信仰と学問見識とに随喜して、信徒や弟子が次第に多く集まるようになりますとともに、彼は草庵を改めて寺院となし、延暦寺と申しました。

そして、入山十年の後、延暦三十年（八一〇）九月の初めての大供養には桓武天皇自ら臨御《りんぎょ》になるまでになり、十五年後には勅によって東寺西寺が建立され、都の鬼門に厳然として国家鎮護の道場ができあがりました。ここに不思議の*遭逢《そうほう》に思われますのは、かの道鏡を排斥して、国家を妖僧より救った忠烈の臣・和気清麻呂《わけのきよまろ》の子として、日本医薬界の大功労者となりました*和気廣世《わけのひろよ》、および清麻呂の真骨頭を最もよく伝えて忠孝清廉の士でありました*和気真綱《わけのまつな》が、宗門の腐敗政教の堕落を慨嘆し、最澄に深く傾倒して、新仏教はこの人によってこそ興るであろうと、陰に陽に力を尽くしたことであります。

＊桓武天皇
第五〇代天皇。光仁天皇の皇子。七九四年、都を平安京に遷した。在位中は坂上田村麻呂を征夷大将軍として東北地方に派遣するなど、朝廷権力を大きく伸長した。（七三七〜八〇六）

＊遭逢
めぐり会うこと。

＊和気廣世
和気清麻呂の長子。医師。生没年不詳。

＊和気真綱
和気清麻呂の五男。学者。（七八三〜八四六）

有名な高雄《たかお》の法華会も廣世がただに世間常に修むる功徳のことにあらずして、大乗の真精神を宣揚するために彼を招請してできたのでありました。彼の入唐求法も廣世らの斡旋で、天皇を動かし、勅を蒙って行うことができたのでありました。妖僧を退けた父はその子によって聖僧を勧めたのであります。帰来、最澄は全力を挙げて新仏教の興隆のため、国家の利益のため、叡山を中心に奮闘努力したのであります。

時を同じくして空海*がその天縦の才徳をもって高野山仏教を興隆したことも実に日本仏教史上の偉観とでも申しましょうか。空海の胸中にもまた、当時の堕落仏教を慨嘆する烈々たる道*《どう》情《じょう》と、敬虔な報国的精神とが相俟って、その生涯を支配したことを想像することができます。

「前来の聖帝賢臣がひろく伽藍《がらん》を建てて僧人《そうにん》を安置され、万戸の領地を割いて鐘を鳴らし、千頃《せんけい》の田野を開いて鼎食《ていしょく》せしめられたのは、他ではない。ただ国家を鎮護し、百姓を救

＊空海　真言宗の開祖。長安の青竜寺の恵果に真言密教を学ぶ。大同元年（八〇六）帰国後、高野山に金剛峯寺を建立。弘法大師。（七七四～八三五）

＊道情　道を究めんとする情熱。

済するがためである。しかるに今、あらゆる僧尼は頭を剃って欲を剃らず、衣を染めて心を染めず、戒足智慧は*麟角《りんかく》より乏しく、非法濫行は*龍鱗よりも多い。この現状では仏法は*国《こく》蠹《と》であり、僧人は*蠶食《さんしょく》にひとしい」

とは、空海がその『宝鑰《ほうやく》』に憂国公子をして語らせているところです。そして、彼もまた勅命によって入唐求道し、帰来、真言密教の*奥旨《おうし》を説いて、宮中に護国会《え》を修し、御修法の例を開き、東寺を賜わっては「教王護国の道場」とし、高雄を施されては「神護国祚《そ》真言の寺」とし、高野山に入定の際も、

「五濁の澆風《ぎょうふう》を変じて三学の雅訓を勤め、四恩の廣徳に報いて、三宝の妙道を興せよ」

とくれぐれも遺訓しております。

和気廣世がもっぱら最澄（傳教大師）を外護したように、和気真綱や和気仲世が空海（弘法大師）に随喜していることも前述の次第で忘れられぬことであります。

＊麟角　きわめて珍しいことのたとえ。

＊龍鱗　きわめて多いことのたとえ。

＊国蠹　国を食い荒らすきくい虫。

＊蠶食　蚕が桑を食べるように、土地などを次第に侵略すること。

＊奥旨　奥義。

両大師の深遠な教理の提唱はしかしながら未だ教団と一部篤信者との間に過ぎぬ問題で、実際はその高貴な人格と国民に与えられた国家の鎮護、衆生の祥福を祈る化導の儀式――化儀あるいはむしろ外相《げそう》の威儀――外儀が時代、人心に投じたといって過言ではありません。人心そのものよりいえば、鎌倉時代の新仏教にこそ偉大な影響を認めねばなりません。

仏教の興隆と神道との関係を考えます時、日本に独特の修験《しゅげん》道《どう》と称するものを看過することができません。いったい仏教がインドに興りました由来をはるかに訪ねますと、パンジャープ地方にきたアリアン民族がその天然の雄大荘厳なのに非常な感動を発し、これを礼讃したことを注意せねばなりませんが、この山岳を敬仰し、ここに卑小な人間を解脱する道を求める傾向は、漢民族にも日本民族にも共通の著しい現象でありまして、ことに中国の道教は現実主義、人道主義の儒教に反して、神仙思想、山岳崇拝の念がすこぶる旺盛であります。

　日本も山岳の高峻幽深《*こうしゅんゆうしん》は国土の一大特徴でありまして、神の崇拝がこの山岳と結ぶことは当然と申さねばなりません。儒教とともに道教も輸入され、仏教の伝来するにつれて、これに影響された山岳行者がだんだん出てまいりました。文武天皇の頃、渓山の嶮を跋渉《ばっしょう》して苦修練行し、*孔雀明王の密呪を持して、すこぶる霊験を現したという役小角《*えんのおづぬ》が現れ、次いで越前に泰澄、播磨に法道というような異人が出まして、この修験道とも山間仏教ともいわれる修持応験の道を盛んにいたしました。この派の人々は後の文書から見ますと、星宿《せいしゅく》に祈ったり、太《*たい》山府君《ざんふくん》を祭ったり、道教そのままのことをしているかと思うと、薬師・宝生・大日・弥陀・釈迦の五仏を木火土金水の五行に配して拝んだり、鹿島大明神、戸隠大明神、諏訪大明神、香取大明神、住吉大明神を五大力尊神と崇めて祀っております。これなどは明らかに神道と深い関係を持つもので、いかにも素朴な日本人の姿に接する感がいたします。これらの人々の間には神

＊高峻幽深　高く険しく、静かで奥深いこと。

＊孔雀明王　孔雀経などに説かれる密教の明王。

＊役小角　七、八世紀に大和の葛城山にこもって修行した呪術者。修験道の開祖と仰がれる。

＊太山府君　中国の泰山の神。人の寿命・福禄を司る神として道家でまつる。

道、仏教など何らの矛盾を感ぜずに、おおよそ有り難く思われるものは何でも自由に摂受することのできる*純厖《じゅんぼう》とでもいうべき心を持っていたのでありますが、理性的功利的にだんだん開けてくるにしたがって、それでは済まなくなってきました。

　奈良朝時代になりますと、前述のように都市仏教が朝廷の外護の下に非常な興隆をいたしてまいりまして、それにつれて、神道との関係がすこぶる苦にならざるを得ません。そこに必然生じ始めましたのは、在来の神々も仏教に随喜し、これを守護するという考えでありました。それはやがてかの大仏建立に際し、宇佐八幡が天神地祇を率いて大仏の鋳造を援助せられるという託宣になり、神はまったく人間化せられて、「我は宿業によって神となること久し。今仏道に帰依して福業を修せん」(気比神宮神託)とか、「我は神身を受けて苦悩甚し。深く仏法に帰依して神道を免れん」(若狭比古神社神託)などといわせるような思想にまでなってゆきました。そのために神域内に塔

***純厖**
純粋でおおらかなこと。

を建てたり、神前で読経するようなことが流行し、やや進んで神に菩薩や権現の名をつけたり、ついに諸国の名神霊社に神宮寺を置き、大寺の境内には鎮守の社を設けることが通例になりました。日本仏教史研究の泰斗・辻博士は「傳教、弘法両大師とて決して如上の思想を出なかった人々で、そんなに発達した神道観を持っていなかった」ということをその「本地垂迹説《ほんちすいじゃくせつ》」*の研究で論証しておられます。

私もだいたい感を同じくする者でありますが、弘法大師が高野山を開くに当たって丹生明神《にうにょうじん》、狩場明神の守護を説き、傳教大師が日吉神《ひえ》を祀っておりますのは、少なくともそこに神仏を習合しようとする真面目な意図を認めなければなりません。後世になって傳教大師を山王一実神道の、弘法大師を両部習合神道の開祖のようにいいますのも無理のない沙汰なのでありります。そのうちに、仏・菩薩が衆生摂化《しょうげ》*の方便に日本に現れたものが神祇であるといういわゆる垂迹思想が流行し、平安朝の

＊本地垂迹説　本地である仏・菩薩が、救済する衆生の能力に合わせた形態をとって出現してくるという説。日本では神道の精神を垂迹と考える神仏習合思想が鎌倉時代に整備されたが、その発生は平安以前にさかのぼる。

＊摂化　衆生を仏道に導くこと。教化。

末葉には、伊勢の皇太神《こうたいじん》は救世観音の変身であるとか、八幡大菩薩は西方無量寿如来を本地とするというふうに、一々これらを神祇に適用したものです。

このことは、魏、晋の頃、中国においても盛んに仏教と道教、次いで儒教との間に行われました。これは高天原の神の世界や天孫降臨の信仰を持つ国民にきわめて入りやすい説であることは明白であります。しかるにこれも、一面神を汚すものであるという反感や排斥が根強く存在しておりまして、また、確かにこの考えは仏主神従のため、神祇崇拝に危険の少なくないにもかかわらず、事実国民はこれによって少しも神祇崇拝を貶《へん》*せずに過ぎましたことは、不思議な国民性と申さねばなりません。

＊貶せず
けなさず。そしらず。

第五章　平安朝末期と末法信仰

貴族階級の堕落と武士階級の台頭

今までは主として思想信仰の上から神道を中心に儒・仏の伝来を通観してきましたが、ここにひるがえって平安朝における社会状態を一見して、日本精神の*維新の*妙用《みょうよう》を訪ねてみます。

その頃、日本の支配権を握るには、

第一に、多くの領地を占有して経済的実力を持つこと

第二に、多くの官職を占有して政治権力を持つこと

第三に、宮廷と結んで名誉特権を持つこと

すなわち、地主、官僚、貴族の三者を具備することでありま

＊維新
すべてのことが改められて、すっかり新しくなること。

＊妙用
細かく巧みな働き。

す。
これに横暴な成功をしましたのは藤原氏であることは申すまでもありません。しかしながら、その過程を見ますと、まず、他の氏族を排斥し、同族相食《は》んでついに藤原道長*を中心とする陰謀政治に成功しただけで、潑剌たる創造力、いい換えれば高貴な理想も熱烈な気概も強固な団結力もありませんでした。権勢を恣《ほしいまま》にするとともにいち早く奢侈《しゃし》逸楽をこととして、生活はいたずらに煩瑣な遊惰*な形式的なものになってゆきました。道長時代の年中行事を一見しますと次のようになります。

正月　節会《せちえ》、中宮東宮および大臣家の大饗《おおあえ》、白馬《あをうま》の節会、御齋会、敍位　除目　後七日の修法、踏歌《とうか》の節会、射礼　内宴　院の尊勝院陀羅尼供養
二月　祈年祭、祈年穀奉幣、祇園の御八講、円宗寺の最勝会、釈尊　春日　平岡　大原野の祭、位禄定《いろくさだめ》、京官除目、

＊藤原道長　平安中期の廷臣。摂政。娘三人を立后させて、三代の天皇の外戚となり、摂政として政権を独占、藤原氏の全盛時代を現出した。（九六六〜一〇二七）

＊遊惰　心が離れているさま。

三月　春季仁王会、石清水の臨時祭、春季御讃経
三月　三日の節供養および御燈、薬師寺の最勝会、法勝寺の不断念仏、尊勝寺の灌頂《かんちょう》、祇園の一切経会、真言院の御修法
四月　賀茂　梅宮　平野　松尾　吉田　日吉　稲荷などの祭、八日の灌仏会
五月　五日節供、円宗寺の御八講、法勝寺の三十講、右近府の騎射、斎王《いつき》の禊《みそぎ》
六月　月次祭、御霊会、祇園の臨時祭、大祓《はらい》
七月　最勝寺　法勝寺　尊勝寺の御八講、七日節供、諸寺の盂蘭盆《うらぼん》、相模の節会、秋季御読経
八月　北野祭、釈尊　石清水の放生会、駒牽《こまひき》、祈念穀奉幣、坊官の除目
九月　三日の御燈、九日節供、斎王の禊、伊勢の例幣、東寺の灌頂、天王寺の結縁灌頂及び念仏、真言院の御修法

十月　弓場始、興福寺の維摩会、東寺の灌頂、法勝寺の大乗会、東宮の除目
十一月　新嘗祭《にいなめ》、春日　平野　松尾　梅宮　大原野　吉田　日吉などの祭、賀茂臨時祭
十二月　月次祭、最勝寺の灌頂、円宗寺の法華会、追儺《ついな》、大祓、女官除目

こういうお祭り騒ぎの間に支配階級はそれこそエロ・グロ・ナンセンスの生活を送っているに過ぎませんでした。生活の奢《しゃ》侈《し》は当然ながら中産階級にも伝染しますから、どんどん生活難は加わり、貧富の甚だしい懸隔と、物質的な頽廃、無恥な敗徳《はいとく》は心ある者の嘆息をただ深くするばかりでありました。極貧階級の増加は凶作や疫病のあるごとに死人や病人を路傍に遺棄することを平気にしました。*紫宸殿《ししんでん》の階下に死人の首がころがっていたり、*貞観殿の南に女の子が死んでいたなどという嘘のよ

＊紫宸殿
紫は天帝の居所である紫微垣、宸は天子の住居、つまり天子の御殿。
＊貞観殿
平安京内裏の殿舎の一つ。

うな話のでる始末で、京の東の貴族地帯と西の貧民窟とは社会相の無惨な対照でありました。そこで無頼の輩は徒党を組んで強盗をはたらき、人心*恟々《きょうきょう》たるありさまで、学校なども廃《すた》れ、親たちは子供を学校にやることを恥じ恐れたものであります。

中央の政教がこの通りの乱脈でありますから、地方官の腐敗堕落もまた申すまでもありません。彼らはただ百姓の搾取による暴富と驕奢《きょうしゃ》をこととしておりました。このために、窮鼠にも等しい百姓の中の血の気の多い面々や事を好む連中は、山賊、野盗の類となったり、蜂起して*国司を襲撃したり、中央に*強訴《ごうそ》したり、だんだん無警察状態に陥ってゆきました。この間にあって、自ずから勢力を生じましたものは、不在地主たる貴族の*奸譎《かんけつ》な支配人的地方官ではなくて、上古から土着の氏族で*郡司や*国造《くにのみやつこ》になって地方民衆から非常な尊敬と信頼を受けていた豪族や、志を中央に得ずして地方に左遷され、あるいは自ら請うて地方に下り、国司などになって土着した者の子孫であり

＊恟々たる　恐れおののくさま。

＊国司　律令制下、諸国の政務を管掌した地方官。

＊強訴　不平不満を持つ人たちが、正規の手続きを踏まず、集団で訴え出ること。

＊奸譎　いつわり。

＊郡司　大化の改新以後、国司の下にあって郡を統治した地方官。

ました。

　彼らは真にその土地を愛し、百姓を治め、家の子郎党を養って、所領内の産業、治安、訓練に力を尽くしましたから、真剣な団結力と根底のある経済力を*掩有《えんゆう》するようになり、地方の安《あん》寧《ねい》秩序はどうしても彼らの自警団的武力の発動に待たなければならぬようになりました。地方ばかりではありません。帝都の護り、いや、貴族自身の親衛に彼らを招致せざるを得ないようになってしまいました。これこそ、武士階級の勃興の真相でありまして、こういうふうにして支配的実権はどんどん遊惰と驕奢との敗徳無力の都会人より、質実剛健の地方武士の掌中に移り、その代表者・源平二氏のうち、平氏はいち早く藤原氏の堕落文化生活に感染されてしまったために、たちまち打倒されて、源氏による鎌倉幕府の建設となったのであります。

　平安朝時代隆盛をきわめた仏教も、何しろこういう都会人士、腐敗貴族を信者としてきたのですから、到底真実の宗教になる

＊国造
古代、大和の王権に服属した地方首長の身分の者。大和政権は国造制のもとに地方体制を固めた。

＊掩有
覆い持つ。覆い包む。

わけのものではありません。

前述のように当時の情実をもって固められた階級政治の下にあって、志を得ぬ者が立身出世の路を開くことのできるのは他ならぬ桑門《そうもん》*であった理由もありまして、浮世の名聞を願う輩は相率いて墨染の袖に隠れ、厚顔にもいわゆる「鎮護国家だ」「教王護国だ」などと標榜して、ひとえに政権に近づき、恩賞の沙汰のみに憧憬《あこが》れたのであります。

鎌倉新仏教の偉人・道元*禅師も門下の衲僧《のうそう》*に、

「諸方ヲ見ルニ道心ノ僧ハマレニシテ名利ヲ求ムル僧ハ多シ。仏法ヲ不慕《したわず》、一心ニ朝廷ノ賞ヲコイネガウ。此類《このるい》ハ皆誰カ是レ仏祖、誰カ是外道ト云コトヲ不識《しらざる》ナリ」

と厳誡しております。同じく親鸞*上人も何のための宗教なるやを明らかに知らして、横着な偽善をしりぞけ、

「親鸞は父母のためにとて念仏一遍だも申したること候《そうら》はず」

とさえ説いております。

＊桑門
僧、出家、沙門。

＊道元
鎌倉初期の禅僧。日本曹洞宗の開祖。比叡山で天台宗を、建仁寺で禅を学んだ。一二二三年に入宋、帰国後、京都深草に興聖寺を開く。一二四四年、越前に移り、大仏寺（のちの永平寺）を開創。修証一如・只管打坐の純一の禅風で知られる。著書に『正法眼蔵』など。（一二〇〇～五三）

＊衲僧
禅宗の僧のこと。

絶望の時代に現れた新宗教

当時の仏教徒がかくのごとくその真髄を誤った結果、ここにいわゆる仏教とは殿堂を荘厳にし、法衣を華麗にし、儀式を神秘にして、病気全快や現世利益、安産、葬送などのための加持祈禱的儀式的宗教に過ぎなくなりました。そして、彼らは寺院という治外法権の下に罪悪を恣《ほしいまま》にし、寺領荘園を管理し、寺勢を張るために争って多数の僧兵を擁し、これら破戒無慚の悪僧輩は常に徒党を組んで、しばしば国司、郡司らを悩まし、ややもすれば山法師らは山王七社の神輿を奉じ、奈良法師らは春日の神木を挙げて宮殿に迫り、朝廷に傲訴《ごうそ》するのであります。*白河法王でさえ、鴨川の水と双六の賽《さい》とともにままならぬものの一つとして痛嘆せられたのは有名な話であります。彼らは常に皇族や藤原氏の名族から座主《ざず》長者を迎えて推戴し、それが彼

＊親鸞　鎌倉初期の僧。浄土真宗の開祖。初め比叡山で天台宗を学び、のち法然の専修念仏の門に入る。法然の思想をさらに徹底させ、絶対他力による極楽往生を説き、悪人正機を唱えた。著書に『教行信証』など。（一一七三～一二六二）

＊白河法王　第七二代天皇。後三条天皇の第一皇子。譲位後、上皇として院政を創始。以後、四三年間朝政を掌握した。（一〇五三～一一二九）

らにとって大いなる勢力であったのであります。

かくて加持祈禱、法師国の経営のほかに、当時の仏教はまた宗学の考証をこれ事とし、学僧はいたずらに煩瑣な経典の詮索や理論の難解を得意として、信と知識とをまったく顚倒しておりました。

これに対して民間の信仰も、現世利益を求めるか、宗教儀礼そのものを享楽する堕落信心に過ぎませんでした。三十三体の弥陀を作るとか、千体の観音を安置するとか、百万遍念仏を唱えるとか、小塔を八万四千基、いや十万基、十八万基供養するとかいうことが奇篤の信心とされたり、写経に意匠を凝らして、石や銅版に一切経を写したり、諸所の霊水を汲んで浄写した経を寺院に奉納することなどが流行しました。

『栄華物語』*によれば、藤原道長の夫人・倫子《りんこ》が行った、治安元年（一〇二一）の西北院における供養など、十二、三、四くらいの可愛らしい雛僧を集め、これに濃紫《こむらさき》、薄紫や鈍色《にびいろ》の綾の

＊栄華物語
四〇巻からなる歴史物語。源氏物語の影響がみられ、藤原道長・頼通の栄華を中心に、平安貴族の生活を物語風に描いたもの。宇多天皇から堀河天皇まで、一五代約二〇〇年間を編年体で記す。一〇二八年以後、一一〇七年以前の成立とされる。

衣などを着せて、頭に花をかざし、顔美しく化粧して、三日のあいだ念仏させた。そのあわれに尊い姿はまるで小さい地蔵菩薩がこの世に現れたかと思わるるばかり、その妙なる合唱はさながら＊迦陵頻迦《かりょうびんが》の声を聴く感があったとかで、この事あって後、しばしがほどは藤原一族の間にこの噂で持ち切りであった、ということです。

また、『栄華物語』では、道長もその三年後、法成寺に万燈会を開いた際、無数の灯籠をさまざまな形にこしらえ、それにいろいろの意匠を凝らして飾ったが、この時、公卿たちはそれぞれ趣向を凝らしてわれがちに道長に献上したとあります。

＊平重盛が灯籠大臣といわれた話があります。重盛は一般に信仰の深かった人といわれておりますが、彼は東西南北各十二間の堂を建てて、四方に四十八の間を作り、各一方の十二の間に十二光仏一体ずつを安置し、都合四十八体の十二光仏の前に常灯明をつけ、それに十六、七から二十歳までの美女を四十八人

＊迦陵頻迦
梵語、好声鳥・妙音鳥などのこと。想像上の鳥、雪山または極楽にいて、美しい声で鳴くという。上半身は美女、下半身は鳥の姿をしている。その美声を仏の声と形容する。

＊平重盛
平安末期の武将。清盛の長男。保元・平治の乱で功をあげ、従二位・内大臣にのぼった。性格は温厚で、道理を重んじ人望があったといわれるが、一門全盛期に病没した。（一一三七〜七九）

選んで、夜になると粧い凝らして今様を歌いながら、その四十八間を廻らした（源平盛衰記）といいます。美的享楽の価値はとにかく、真に仏法を念う者からいえば、誠によしなきことをしたものではありませんか。

この間に、この世をわが世とぞ思うとまで栄えた藤原氏も火の消えるように衰えゆき、さしも驕《おご》りを極めた平家も一朝にして西海に没落するような浮世の転変があわただしく民衆の眼前に繰り返されました。そして『平家物語』に、

「祇園精舎の鐘の聲、諸行無常の響き有り、沙羅雙樹の花の色、盛者必衰の理を現す。驕る者は久しからず、ただ春の夜の夢の如し。猛き者も終には滅びぬ。偏に風の前の塵に同じ」

といったような人力の如何ともすることのできない運命の無常に対する詠嘆的気分が一般人を深い幽愁*に導きました。

かかる享楽の後の悲哀、頽廃の後の絶望の時代に現れたのが、すなわち浄土門、念仏唱名による他力救済の宗教であります。

＊幽愁　深い物思い。深い憂い。

浄土門の救いは鎌倉の始め、法然*、親鸞の両聖人《しょうにん》によって大成された新宗教であります。

＊法然
浄土宗の開祖。一三歳より比叡山で修行を積み、一五歳で出家。唐の善導大師の「散善義」を読み開眼。四三歳のときに浄土宗を開く。（一一三三～一二一二）

第六章　浄土門の新興

「往生即成仏」の道を開いた法然

法然上人の諱《いみな》は源空といいます。彼は十五の時から比叡山に登って修学行道にいそしんだが、いつまで経っても単に文字を覚えることと、いろいろなその道の慣習儀礼に習熟するだけのことで、少しも安心を得ることができない。経巻を繙《ひもと》き、仏前に坐りながらも、明けても暮れても心は無明煩悩*をますばかりでありました。里を去って山に入ったその山が、そもそも里にもましてあさましい煩悩の地でありました。そこで源空は二十四の歳、解脱の念に駆られて思い切って山を下り、嵯峨の清涼

＊無明煩悩
真理に暗いこと。人間などの持つ欲望や執着心などの諸煩悩の根本にあるもの。

＊南都北嶺
南都は奈良のこと。のちに藤原氏の氏寺・興福寺の別称となる。北嶺は平安京の北にある比叡山延暦寺の別称。

＊転迷開悟
迷いを転じて、悟りを開くこと。迷いを捨てて仏の真理に目覚めること。

＊源信僧都
平安中期の天台宗の僧。

寺に参籠して、ひたすら祈念を凝らし、また奈良・京都の間を往来してしきりに宗学をも渉猟《しょうりょう》したのであります。

けれどもやはり、彼にとって南都北嶺*の学匠どもの捻《ひね》くっている煩瑣な理論にはいかにしても飽足らず、またさまざまな手段を凝らして転迷開悟*を説く在来の宗教では、とうてい煩悩深き自己を救うことのできないことを深く考えないわけにゆきません。その時、ゆくりなく彼は源信僧都*《げんしんそうず》の『往生要集』を繙いて、はじめて阿弥陀仏の浄土教にいうべからざる有り難さを覚え、遡《さかのぼ》って唐の善導大師*の教示にも触れて深く覚悟することができたのです。

浄土門は善導の以前すでに道綽*《どうしゃく》によって聖道門と区別せられ、道綽は聖道を捨てて浄土に帰しております。釈尊滅度の後、その教えは諸宗に分かれて発展しましたが、それはすべて聖道門に属すべきものでありました。聖道門の本旨はこういうことであります。

比叡山で良源に師事し、横川恵心院に住む。『往生要集』を著して浄土教の興隆に大きく貢献し、また、天台宗恵心流の祖とされ、中古・中世の天台本覚思想の先駆をなした。著書に『一乗要訣』『観心略要集』など。（九四二〜一〇一七）

＊善導大師
中国・唐初の僧で、浄土教の大成者。道綽の弟子。著書に『観無量寿経疏』などがあり、日本の法然・親鸞に影響を与えた。（六一三〜六八一）

「釈尊は出離得脱《しゅつりとくだつ》した無上正覚者《むじょうしょうがくしゃ》、もろもろの衆生に人生の真相を諦観し、衆苦を解脱して法楽を得る道を教えたまう善知識である。無明の霧を払い、煩悩の塵を拭うて、一切の衆生を転迷開悟せしめんとする大慈悲の仏である。われわれはこの仏を信じ、仏の教えに智慧を開き、仏の道を行ずることによって三世諸仏の証果を得ることができる。譬えば仏はわれわれの師であり先達であって、我々は後進の弟子である。そして、弟子の機根に応じてそれぞれに説き示されたものが、すなわち仏教の全体である。されば、仏教は衆生をして迷妄を去って真実に就こうとする菩提心を発せしめ、人々悉有《しつう》*の仏性を円満に発揮させることをもって目的とするが、その目的を果たすことは、畢竟《ひっきょう》*、衆生自身の努力精進に待たねばならぬ。仏果は仏教によって衆生自ら証得すべきものであること、なお真理は師の教えによって生徒自ら理解する他はないと同様である。教えがいかに懇到《こんとう》*であろうとも、自ら学ぼ

＊道綽
浄土教の祖師。西河禅師。一四歳で出家。涅槃経に精通。信者のために観無量寿経を二百回以上講義し、毎日七万遍の念仏を唱えたとされる。著書に『安楽集』。（五六二〜六四五）

＊悉有
すべての人にある。

＊畢竟
結局は。

＊懇到
十分にゆきとどくこと。

うとしない者に真理を悟らすことはできない。自ら学ぶ力のない者（それが許されるか否か別として）に*智果を与えることはできない。してみれば、仏道とは要するに人々自ら仏の教えの通りにこの世界にあって四乗を修し、四乗の果を得て、転迷開悟することである」

四乗とはいうまでもなく、*声聞《しょうもん》、*縁覚、*菩薩、*仏の四種の乗りものの意です。前二者はまた小乗といわれ、宗派でいえば、成實、倶舎、律の各宗がこれに属し、ともに十二因縁四諦を観じて戒行を成就することを旨とするものです。

三界の無安はあたかも火宅の如く、衆苦充満せるありさまを深く観ずるのは*四諦の中の苦諦であるが、今一歩立ち入って、それは畢竟、盲目的とも称すべき、すなわち無明の欲動の凝《ぎょう》集《しゅう》せるがゆえにと観るは集諦で、因縁とはこの如き人世の因果を明らかに示したものに外ならないのであります。

＊智果　悟り。

＊声聞乗　仏の教えを聞くが、自分の悟りを開くことのみを目的として、修行する声聞の立場の教法。小乗。

＊縁覚乗　自分一人で悟りを開こうとする縁覚の立場の教法。大乗。

＊菩薩乗　自分だけでなく、すべての人を悟りに導こうとする立場の教法。大乗。

十二因縁

(一)無明
(二)行
(三)識
(四)名色
(五)六入
(六)觸
(七)受
(八)愛
(九)取
(十)有
(十一)生
(十二)老死

無明は盲目的なる活動。換言すれば渇愛であって、その活動に即していう時「行《ぎょう》」です。これが生々世々《しょうじょうせぜ》流転の種子となる。

人においてそれはまず「識」……生得本《しょうとくほん》具《ぐ》の統覚活動となって、必然に実在を構成する、すなわち「名色《みょうしき》」です。名色の出現とともに「六入」……我々の六つの感官が生じて、広き意味の経験すなわち「觸《しょく》」を起こす。「受《じゅ》」はつまり觸の限定されて個体に受け入れられたものの感覚を意味する。これに応じて我々に「愛」……感情が起こり、一面にまた意志作用「取」が発展する。

かくて人間に我《が》という執着の状態、すなわち「有《う》」が生ずる。生老病死などの衆苦は「有」の生む状態である。そしてこの生老病

＊仏乗
すべての衆生の成仏する道を説いた教え。大乗。

＊四諦
釈尊が初めの説法で説いたとされる教えの一つ。苦諦・集諦・滅諦・道諦の四つ。

死などの衆苦が過去の無明の種子、すなわち「業」によって無限に輪廻する。如是《によぜ》の苦楽の世界はとうてい衆生の安住すべき地ではない。人間の理想はかかる衆悪を滅ぼした世界……涅槃《ねはん》になければならない。この涅槃を観ずるのがすなわち四諦《したい》の中の滅諦《めつだい》であって、この滅諦を成《じょう》ぜんために我々の精進せねばならぬものが道諦《どうだい》であります。正語、正業、正命、正精進、正念、正定、正見、正思惟《しい》の八正道は道諦の内容であります。

小乗に対して菩薩・仏の二乗は大乗です。簡単にいえば大乗は小乗より自由端的なものであるが、そのうち菩薩乗は仏乗に比してまだ葛藤的の宗乗です。法相宗、三論宗などのようにむしろ哲学的段階にあるものがこれに属し、これに対して華厳、天台、真言、禅の各宗の如く総じて即身成仏、生死即涅槃《ねはん》を説くものが大乗仏教なのであります。

しかしながら、かくの如く四乗の道を修し四乗の果を得て転迷開悟することは、この末法の世に生まれて、煩悩すこぶる盛んに、心意甚だ堕落した下根の衆生の果たしてよくなし得るところでしょうか。道綽はこの聖道門を末代の今時、とうてい証*悟しがたいと決定《けつじょう》しました。

「われわれ五濁《ごじょく》*の凡愚は悟を開くにあらずして、ただ他力によって救われる外ない。わが身を委せきることによって生きる外はない。この悲泣《ひきゅう》を憐れんで、衆生の一人さえも救われざる限り、断じて正覚の位を取らじと誓われたのが、すなわち阿弥陀仏の悲願である。本願である」

ということだったのです。仏法を学ぼうとする人はこの慈悲の悲の字をよく体得しなければなりません。

聖道門を棄てて、この弥陀の本願に生き、穢土《えど》*を厭離《おんり》して浄土を欣求《こんぐ》した著しい人はまずこの道綽でありました。次いで善

＊証悟　修行によって真理を体得すること。解悟。悟りを開くこと。

＊五濁　この世に起こる五つの汚れ。劫濁（飢饉・天災の汚れ）、煩悩濁（欲・悩みの汚れ）、衆生濁（悪人の汚れ）、見濁（種々の悪見）、命濁（人の寿命が次第に縮まる汚れ）の五つ。

＊穢土　汚れた国土の意。煩悩のある世界。凡夫の住むこの世。

導も我々の正定の業は彼の仏の本願にしたがって一心にもっぱら弥陀の名号を念じて念々おかざる他はないと決定して、ここに浄土門易行道を弘通しました。そして、法然上人はこの教えに触れて、始めて涙に咽《むせ》ぶ感激を味わうことができました。

「是非善悪をあげつらうことも要らぬ。難行苦行も要らぬ。ただ至心に南無阿弥陀仏と唱うべし。しかる時は決定して浄土に往生すべし」

ここに彼は久遠《くおん》の安立を得て、承安五年（一一七五）の春、洛東吉水《よしみず》の道場に南無阿弥陀仏の法幢《ほうどう》*をひるがえしたのであります。

注意すべきことは、それまでの浄土門ではまだ往生浄土が直《じき》下《げ》に成仏であると決定して説かれてなかった。それよりもただ一刻も速やかに穢土を厭離して、浄土に往生することが成仏の近道とするのが主眼でした。法然上人の至心はこれを一層深刻に発展させて、往生即成仏にまで進めたのであります。かくて、

＊法幢
仏法の旗じるし。

南無阿弥陀仏の唱名はちょうど当時、不安困憊《こんぱい》帰《き》するところを知らなかった民衆の心より心に限りなき感激を伝えて、四方より上人を慕うて*子来《しらい》するもの数限りもありませんでした。

親鸞の悟りと他力救済の教え

かかる時、日野家の*公達《きんだち》で、幼くして親を失い、九歳の春出家してから、叡山にあって修学勤行《ごんぎょう》怠りなかった親鸞は、年ごとに積もる疑惑煩悩いや深くして、

「すなわち近くは根本中堂の本尊に対し、遠くは枝末諸方の霊窟に詣でて、解脱の経路を祈り、真実の智識を求め、特に歩みを六角の精舎に運んで百日の懇念をいたして……」

という修行の道を歩んでいたのであります。

建仁元年（一二〇一）の正月、その*六角堂頂法寺に祈念の結果、法縁空しからず、観音の霊夢覚めて法友・聖学法師に会い、

＊子来　子が親を慕って来るように、徳の高い人に万民が集まってくること。

＊公達　平安時代の貴族の青少年のこと。

＊六角堂頂法寺　京都市中京区にある天台宗の寺。聖徳太子の開基。

彼ははじめて東山吉水の道場に法然上人のおわすことを聴いたのでありました。彼はあたかも仏に*引接《いんじょう》せられる思いで、満腔の悲願をこめて直に上人の前に額《ぬか》づきました。古稀に近い上人は自身の前に平伏するまだ三十にも足らぬ若い親鸞の姿にさながら自己未了の昔を想見したのでありましょう。上人は絶えず念仏しておりました。

親鸞にとって、最も堪え難かった苦痛は出家してから二十年、朝夕の修学勤行にもかかわらず、自ら転迷開悟することもできないような凡愚の自分が果たして仏法の器であるだろうか、……いや、そもそも自分のような罪障《ざいしょう》の深い者でも救われるであろうか、ということでありました。これに対して法然はおもむろに答えました。

「凡夫の救われる道はただ念仏ばかりである。二百十億の諸仏土を探しても、お前や私の助かる道はただこの念仏ばかりである」

*引接　阿弥陀如来が現れて衆生を極楽に引き導くこと。

「念仏申すだけで果たして救われるのでしょうか」

「念仏申せばこそ救われる。それは他力本願＊であるからだ」

「念仏がなぜに他力本願なのですか」

「念仏は至心＊に阿弥陀仏をたのみまいらするのである。ありがたい仏の御誓に随順することである。ひとえに御仏に随順してまつる時、お約束によって必ず救われる」

「罪業の深い者でもですか」

「罪業深しと覚《さと》ればすでに仏の大慈大悲の御手にすがったのである。救おうと仰せられる弥陀のおはからいに任せよ。救われるに違いない」


一言一句すべてみな親鸞の骨髄に滲み渡る慈悲の甘露《かんろ》でありました。親鸞はかくのごとくにして安養《あんにょう》＊の浄土に入ることができました。

「親鸞におきてはただ弥陀に助けられまいらすべしとよきひとの仰せを蒙りて信ずる外に別に仔細無きなり。念仏はまこ

＊他力本願
自分の力で悟るのではなく、仏や菩薩の力を借りること。弥陀の本願の力に頼って成仏すること。

＊至心
この上ない誠の心。阿弥陀仏を心から信じて疑わないこと。

＊安養の浄土
そこに住む者は、やすらかに心を養って、すみやかに仏と同じ知徳を得ることから、極楽浄土の別名。

とに浄土にむまるる種にてやはんべらん。また地獄に落つべき業にてやはんべらん。総じてもて存知せざるなり。たとへ法然上人にすかされまいらせて、念仏して地獄におちたりとも、さらに後悔すべからず候。その故は自余《じよ》の業をはげみても仏なるべかりける身が、念仏を申して地獄におちて候はばこそすかされたてまつりてと云ふ後悔も候はめ、いづれの行もおよびがたき身なれば、地獄は一定すみかぞかし」（歎異抄）

これ親鸞の決定《けつじょう》した覚悟でありました。これは実に神ながらの言挙げせぬ神道精神におのずから共鳴するものでありませんか。

浄土門、他力救済の宗教は、かくて法然、親鸞によって大成されました。

すでに明らかなように、この宗のよって立つところは自己の凡愚罪業を徹底して自覚することにあります。親鸞が自ら愚《ぐ》

*自余
それ以外。そのほかのこと。

*愚禿
僧侶が自分のことをへりくだっていう語。特に親鸞の自称。

禿《とく》と称したことは誰知らぬ者もありません。聖人はまたその『一念多念證文』で次のように説いています。

「かなしいかな愚禿鸞、愛欲の廣海に沈没し、名利の大山に迷惑して、定聚のかずに入ることをよろこばず。真実の證にちかづくことを楽しまず、耻づべし、傷むべし」

と惻々たる告白をして、さらに凡夫に対して、

「凡夫といふは、*无明煩悩《むみょうぼんのう》、われらがみにみちみちて、欲もおほく、いかり、はたらき、そねみ、ねたむ心おほく、ひまなくして、臨終の一念にいたるまでとどまらず、きえず、たえず、水火二河のたとへにあらはれたり。かかる浅ましきわれら、願力の*白道《びゃくどう》を一分二分やうやうづつあゆみゆけば、*无碍光仏《むげこうぶつ》のひかりの御こころにをさめとりたまふがゆえに、かならず安養浄土へいたれば弥陀如来とおなじくかの*正覚《しょうがく》のはなに*化生して、大般涅槃《だいはつねはん》のさとりをひらかしむるをむねとせしむべしとなり」

＊无明煩悩 无は「無」の意。

＊白道 二河《にが》白道のこと。西方の極楽浄土に往生する信仰心を、北を貪欲の水の河、南を怒りの火の河にはさまれた細い清らかな道にたとえた語。

＊无碍 何の障害もないこと。

＊正覚 最高の悟りの境地。

＊化生 生れ変わって。

と教えております。

この他力救済の教えはまことに一代の病弊に的中した霊薬*でありましたが、私をもって観れば、他力易行道*は決して世間の思うように易行でない。むしろ、自力聖道門*より難行の法門ということもできましょう。驕慢の念深き煩悩の人間があれほど深く自己の罪業を徹見するということは至難の業であります。もしこれを浅薄にもてあそぶならば「ありがたき仏の御誓」を当てにして、自己の煩悩堕落を容認する、日蓮のいわゆる「無間堕地獄」の徒となるは必定です。すでに親鸞の当時でさえ、

「煩悩具足の身なればとて、心にまかせて、身にもすまじきことを許し、口にもいふまじきことをも許し、意にも思ふまじきことをも許して、いかにも心のままにてあるべしと申しあうて候ふらんこそ、かへすがへす不便《ふびん》に候へ。酔もさめぬ先になほ酒を勧め、毒も消えやらぬにいよいよ毒を勧めんごとし。〝薬あり毒を好め〟と候ふらんことはあるべくも候は

＊霊薬
不思議なききめのある薬。

＊易行道
自力ではなく、阿弥陀の力によって悟りを開く道。

＊聖道門
自ら菩薩の道を実践・修行し、悟りを完成することをめざす教門。浄土宗の立場から、それ以外の仏教を総称したもの。

ずとこそ覚え候」（末燈抄）

と聖人自ら嘆息しておられます。現代の念仏行者、滔々《とうとう》としてまた然りです。

そうでなくても、とかくこの他力救済を信ぜんとする者はその本来よりいうも、人生の苦闘に堪えやらぬ弱々しい型の人が多い。それは死生の巷に出入りして、一剣天下を横行し、＊然諾《ぜんだく》を重んじ、義理を尊び、節に臨んで死を恐れぬ武士にとって、一般的にはむしろ契合《けいごう》せぬ＊宗乗といわねばならぬ。事実、浄土門は一般庶民の間にあれほど弘通《ぐつう》したにもかかわらず、武士の間にはそれほど勢力を持ち得なかったのです。鎌倉武士にはまた自ずから鎌倉武士の宗教がなければならぬ。それもまわりくどい＊二乗声聞の宗乗でもなく、教理の幽玄な華厳、天台でもなく、観法祈禱の神秘的な真言でもなく、前仏後仏心をもって心に伝える＊不立文字《ふりゅうもんじ》の端的なる禅、それこそ彼らの要求にぴたりと契《かな》った宗乗でありました。

＊然諾　引き受けること。承諾。

＊宗乗　宗派の教義。

＊二乗声聞　声聞乗は他律的な教えを聞いて悟るのに対し、緑覚乗は自立的なもの。

＊不立文字　禅宗の基本的な立場を示した言葉。悟りは言葉によって書けるものではないから、言葉や文字にとらわれてはならないということ。

第七章　禅宗と日蓮宗

達磨の逸話が伝える禅の心要

元来、禅という言葉は梵語のDhyanaを音訳した「禅那《せんな》」の略語であって、静慮、瞑思の意味であります。もちろん単に概念的に静思する意味ではなくて、人生の真相を徹見し、煩悩を解脱して涅槃に住《じゅう》せんとする行《ぎょう》を意味するのであります。

中国において始めて禅宗を伝来した者は俗にかの有名な菩提達磨《だるま》であるようにいわれておりますが、いわゆる禅宗という宗教的形式はもっと以後にできたので、禅の心要はまた彼よりも前に、すでに中国に伝えられておりました。一例をあげれば、*覚賢《かくけん》（仏陀跋陀羅《ぶっだばとら》　Buddhabhadra）がそうであります。

彼は五世紀の初め、中国の僧の請いに応じて北インドから渡来した傑僧で、当時、江北はいわゆる*五胡十六国の時代でありました。彼は山東から長安にのぼったが、この長安には有名な羅什三蔵《らじゅうさんぞう》が秦主・姚興《ようこう》の手厚い保護の下に、*食前方丈と数あまたの佳人を擁して豪奢な生活をしておりました。羅什の教学上の功績は実に偉大なものに相違ないが、その人格、行為の上から見れば、むしろすこぶる心得ぬ点が多い。長安において羅什と会った覚賢はやがてその俗臭紛々たる行為にあきたらず、袂を払って江南の廬山に立ち去りました。そこは羅什輩の俗器ではなくて、真に仏法の大器である*慧遠《えおん》法師らが*白蓮《びゃくれん》社を結んで、その名に相応しい*清節を発揮していたのであります。

慧遠は*陶淵明、*陸修静とともに有名な*虎渓《こけい》三笑の伝説に現れる哲人です。彼は当時の俗権と苟合《こうごう》妥協せる長安仏教に対して超然たる別天地を樹立し、

＊覚賢　中国・東晋時代の僧。華厳経を翻訳。（三五九～四二九）

＊五胡十六国　中国の華北に、三〇四年から四三九年にかけて五つの異民族（五胡＝匈奴・羯・鮮卑・氐・羌）と漢民族がつくった一六の国のこと。

＊食前方丈　席の前に珍しい食べ物を一丈四方も並べること。きわめて贅沢な食事。

「袈裟は朝宗《ちょうそう》の服に非ず。鉢盂《はつう》は廟廊《びょうろう》の器に非ず。沙門《しゃもん》は塵外の人なり。まさに敬を王者に致すべからず」

という信念のもとに道友相集まって切磋琢磨し、規約を厳にして、いやしくも徳人に非ざるものはいかなる才学顕栄といえども敢えて許さず。白蓮社列賢の道風は心ある人士をして真に傾倒措《お》かざらしめておりました。当時、才学江左《こうさ》（江南地方）に冠たりといわれていた謝霊運*ですら、辞を低くしてしきりに社員の列に加わりたいと懇願したにもかかわらず、ついに慧遠の許すところとなりませんでした。覚賢はここに迎えられて、その優游の地を得、法友とともに「六十華厳」の大翻訳に従事したのでありました。

菩提達磨の渡来はそれより少なくとも五十年、あるいはかれこれ百年の後、一般には南朝の梁の武帝の普通元年、六世紀の初めとせられております。江の南北を通じて仏教が恐るべき勢力を有していた当時、達磨の渡来はたちまちにして朝廷の耳に

＊慧遠禅師　中国・東晋の僧。廬山の麓に隠棲し、没するまで三〇年以上も山から出ずに、教義研究や後進の指導に尽力した。（三三四〜四一六）

＊白蓮社　慧遠禅師が作った結社。阿弥陀仏を念じて三昧を得ることを目的とした。

＊清節　いさぎよい志。

＊陶淵明　中国、東晋・宋の詩人。役人生活の拘束を嫌って『帰去来辞』を賦して県令

入り、彼はついに金陵（南京）において梁の武帝に親しく引見せられるようになりました。

梁の武帝は史上有名な仏教信者で、自ら「三宝の奴」と称し、ひたすら「外護《げご》」に努めた天子であります。しかし、仏教の外護すなわち信仰を現すものといえ、当時の信仰は要するに供養信仰、利益信仰に過ぎませんでした。さまざまな供養をする代価として現世利益を受けようと願うのがその心情です。南北朝時代は中国文明の爛熟期たる唐代の前駆であって、社会の騒擾《そうじょう》、思想の混乱などのために、著しく一般に不安困憊の気分が漂っている。そこに法楽を求める供養信仰が流行し、これに乗じて邪道の跋扈《ばっこ》することは古今東西との揆《き》を一にするものなること、今更ここに贅言《ぜいげん》*するまでもありません。

達磨が武帝に謁見すると、武帝は早速尋ね、次のような問答をしております。

「朕、即位以来、造寺・写経・度僧*いちいち記録にすることも

を辞任。以後、故郷に帰って酒と菊を愛し、自適の生活を送った。（三六五～四二七）

＊陸修静
中国五代、宋の人。勅命により斎法儀範を作る。生没年不詳。

＊虎渓三笑
虎渓は中国江西省北部、廬山にある谷川。虎渓三笑は東洋画の画題。晋の慧遠法師が、廬山の東林寺で行を積んでいて、虎渓を渡るまいと誓ったが、訪ねてきた陸修静・陶淵明を送り、話に夢中になって虎渓を渡

できぬほどである。かほどまでに仏法のために尽力しておるのであるが、どんな功徳があるだろうか」

　達磨はこう答えました。

「どれもこれも無功徳です」

「そりゃまた何故功徳がないか」

「これらはただ*人天《にんてん》の小果、*有漏《うろ》の因、影の形に随う如く、有《う》といえども実ではありません」

「それでは真の功徳とはどんなものであるか」

「浄智妙円《じょうちみょうえん》、体自空寂《たいじくうじゃく》、如是《にょせ》の功徳は世俗の観念で求められるものではありません」

　武帝は達磨大師の厳峻なる喝破にあって狼狽せざるを得ませんでした。そこで帝は、

「それでは*聖諦第一義とはどんなものか」

と食い下がります。

「不識《ふしき》」


ってしまったのに気づき、三人ともに大いに笑ったというもの。

＊謝霊運
中国南北朝時代、宋の詩人。山水を詠じた新しい詩風を興す。叛意ありと訴えられて処刑された。（三八五〜四二二）

＊贅言
余計な言葉。

＊度僧
得度した僧。官府から度牒を与えられた僧。

三宝の奴と称し、王者の身をもってこれほど仏法の外護に任じている自分こそは、まさに聖諦第一義を悟れるもの、無量の功徳あるものと思い込んでいた矢先、かくのごとき人天の小果、有漏の因に傲《おご》れる黄金骨を慈悲の鉄槌をもって微塵に撃砕してくれた達磨の心は、しかしながらついに武帝には領会《りょうえ》することができませんでした。達磨も武帝ではまだ苟合せず、また、かかる利益信仰の徒《やから》の下に、ことには帝者の俗権に苟合して在ることを快しとしなかったのでしょう。彼はそのまま飄然として江北に去り、嵩山《すうざん》の少林寺に籠ってしまいました。

この頃、宝誌和尚という日本の一休禅師をもっと散樸《さんぼく》にしたような飄逸な高徳がおりました。高僧伝の語るところでは、住居も一定せず、飲食も時なく、髪を長く伸ばして、いつも裸足で街を歩いておったよほど風変わりの和尚であったらしい。ある時、武帝はこの和尚に会って達磨という名僧がきたが、一向に朕とは話が合わなかったことを話しました。すると宝誌は生

＊人天の小果　人間界と天上界の小さなむくい。

＊有漏の因　漏は煩悩の意。いろいろな欲望や迷いの心を持っている原因。

＊聖諦第一義　最高の真理を悟ること。

＊領会　了解すること。理解すること。

＊嵩山　中国、河南省北部の洛陽の東にある名山。

真面目になって、

「陛下あなたはいったい達磨がどういう人で、何のためにきたかご存じですか」

と聞きました。帝は、怪訝《けげん》な顔をしていいます。

「いや、知らない」

「それは残念、あの人はね、観音大士*です。観音大士が仏心印*《ぶっしんいん》を伝えにきたのです」

「それは大変なことをした。そういう有り難い人とは知らずに逃がしてしまった」

帝は大いに後悔しました。そしてすぐさま使いを遣わして迎え取ろうとしましたが、その時、宝誌は冷然と答えました。

「陛下そんなことをおっしゃっても駄目です。恐らく全国の人が迎えに行っても、それで回《かえ》るような彼ではありませぬ」

この一則の話は古来、禅門で有名なものですが、その終始を貫いて、いかにも禅家の真骨頂の躍如たるものがあります。鳩*《く》

＊散樸
そのままに。

＊大士
菩薩の別名。道心堅固な僧を敬っていう語。

＊仏心印
仏の心や悟りや力を象徴的に表すこと。

＊鳩摩羅什
クマラジーヴァ。西域亀茲（きじ）国の王族に生まれる。四〇一年に秦王・姚興に迎えられ、長安で八年間にわたり『法華経』『阿弥陀経』『中論』『百論』など三百余巻の経論の翻訳に

摩羅什《まらじゅう》輩であるならば、仏教宣揚を名として武帝の心を収攬し、世に時めくことも易々たるものであったでしょう。けれども仏心印を伝える達磨はすげなくも武帝を喝破して、武帝の驕気と多欲と態色と淫志とに痛砭《つうへん》しました。しかもその治療が喜ばれないことを見て取ると、かれは飄然として去っております。それをまた、飄逸な宝誌が、観音大士仏心印を伝えると称揚し、武帝がこれを迎え戻そうとした時、断乎として、いや全国の人が出かけて行ってももはや返るまいと天子を止めるところ、浮世の何ものにも捕えられず、悠々として衷《うち》に信ずるところある風格は我々をして欣羨《きんせん》に堪えざらしめるではありませんか。

達磨の真髄を得たものは慧可《えか》といわれております。慧可は神光と称して、達磨に参ずる以前すでに道仏に造詣深き天才でありました。彼は達磨の道風を慕って法を求めた時、達磨は拒んで室に入れなかった。神光もまた窓前に立って敢えて去らなかった。この夜、大いに雪降って、暁には積雪が神光の腰を埋め

携わった。（三五〇？～四〇九）

＊痛砭
痛烈に戒めること。

＊衷
うち。なか。まこと。

＊欣羨
尊敬しつつ羨ましく思う。

＊慧可（断臂）
中国・禅宗の第二祖。若くして儒教を学び、長じて仏書を読んで自得し、出家。四〇歳のときに嵩山少林寺の達摩に教えを請い、二祖となる。（四八七～五九三）

るばかりであった。これを見て達磨は尋ねました。

「お前は長らく雪中に立って、いったい何を求めるのか」

「どうか和尚のご慈悲をもってご*垂教《すいきょう》に預かりたい」

神光は熱心に懇願しました。すると達磨は厳《おごそ》かにこういいました。

「諸仏無上の妙道は無窮に努力精進して、行い難きを行い、忍び難きを忍ばねばならぬ。小徳、小智、軽心、慢心をもって真乗を願うのは徒労《とろう》の話であるが、お前にその覚悟があるか」

神光はこれを聞いて、涙を流して求道を誓い、ついに自ら臂《ひじ》を断ってその覚悟を示し初めて達磨の許しを得て入室参禅することができました。これは有名な二祖・慧可断臂《だんぴ》の伝説であります。

我々はここに禅の精神が自ら無限の困難を冒して転迷開悟すること、その道を進むにあたっては、自己のあらゆる不純な精神を掃討して、真に*不惜身命《ふしゃくしんみょう》の覚悟より発すべきこと、いわ

＊垂教　教えを垂れること。垂訓。

＊不惜身命　仏法のためには命を惜しまずに捧げること。

ゆる*懸崖《けんがい》に撒手《さんしゅ》して絶後に蘇る覚悟を要するものなることを*味識《みしき》することができます。

これ禅と武士的精神の深き契合あるゆえんでしょう。武士が白刃の下を潜り、矢石《しせき》の前に身を暴《さら》して、君のために、武のために、死して厭わざる覚悟はいかん。意気相許し、然諾相重《ぜんだくあいおも》んじて、*去留を利禄《りろく》に繋ざる*襟懐《きんかい》はいかん。まさしく剣禅一味です。家康（徳川）の臣下で百戦の場数を踏んできた剛の者・*鈴木正三、後に僧となって正三老人と号し、禅を楽しんで多くの弟子をも薫陶した人ですが、弟子に向かって、

「洒落仏法、抜殻《ぬけがら》坐禅は何の用にかならん。眼を据え、歯を噛みしめ、果たし眼になって、群がる敵中に踊りこみ、敵の槍尖《やりさき》に突っ立ったる覚悟にて修行すべし」

と禅の心要を説き聴かせました。

＊懸崖撒手　崖から手を撒げて飛びおりる意で、勇猛心を奮って事をなすこと。

＊味識　よくよく味わって識ること。

＊去留　去ると留まると、事の敗れると成ると。成敗・成否。

＊襟懐　心のうち。

＊鈴木正三　江戸初期の禅僧、仮名草子作者。徳川家の家臣とし

既成教団と対立する禅宗、そして日蓮

　達磨の法系はその後、慧可より僧璨《そうさん》、道信、弘忍《ぐにん》と続いて、次第に宗風を挙揚《こよう》してきました。この五祖・弘忍が湖北省黄州府の黄梅県に多くの雲水を陶冶《とうや》していた時（唐の高宗の頃）、一人の若い田舎者が飄然として禅師を訪ねてきました。彼は広東の田舎の土民の子でありましたが、貧苦艱難《かんなん》の裡《うち》に育って、市に出て柴を売ったりしてようやく糊口を凌《しの》いでおりました。*天稟《てんぴん》超俗の思いに豊であった彼は、ついに弘忍の徳風を慕って来たり、投じたのでありました。そして彼は、僧堂にあって、米搗《つ》き薪割りの労役に甘んじながら、懸命に修道を励んでおりました。

　ある日、弘忍禅師は突如、門下の大衆を集めて、各自の見性*を叩いて*法嗣《ほっす》を定めるといい出しました。これに応じてまず自己の悟境を発表したのが神秀上座であります。

て家康、秀忠に仕え、関ヶ原の戦や大坂の陣で功を立てる。のち出家して曹洞禅を修め、仏教の復興を目指し、教化と著述に励む。著書に法話集『盲安杖』、仮名草子『二人比丘尼』など。（一五七九〜一六五五）

＊天稟
　生まれつきの性質・才能。天資。天性。

＊見性
　諸々の妄念を去って、真の仏性を見極めること。無我の境に入ること。悟りを開くこと。

「身是れ菩提樹　心明鏡台《こころめいきょうだい》の如し　時々に勤めて拂拭せよ
塵埃をして惹《ひ》かしむる勿れ」（莫遣有塵埃《ばくけんゆうじんあい》にも作る）

しかるに、これに対して先の風来坊（盧行者《ろあんじゃ》）は、

「菩提本《も》と無（非）樹　明鏡また台に非《あら》ず　本来無一物　何処にか塵埃を惹《ひ》かん」（何用拂塵埃《かようぶつじんあい》にも作る）

の一偈《げ》をもって報いました。

神秀上座は善悪の葛藤を照見して、不断の除悪に人生の真諦を認めています。かつその偈がまだ心の直接の表現ではなくて、擬物に拘泥している点が著しい。人生の真相を善悪の葛藤に観て、悪を俳して善を発揮してゆこうとするのはいかにも結構なことである。結構は結構であるが（美則美矣《びそくびい》）、まだ了悟したとはいえない。彼はまだその善悪なるものを解決してない、真性を徹見していない。果たせるかな弘忍は、「これただ門外に到れるに過ぎぬ」として取りあげなかったのであります。

これに比べると、確かに後の若き盧行者の偈は一歩を進めて

＊法嗣　法燈を受け継ぐ者。

います。彼は、善悪も畢竟、相対的な現相にすぎない。本来、性の活動であることを了得し、外物の存在に拘泥する域をはるかに離れた表現に達しています。いわば、神秀は未だ二乗の域を脱せず、盧行者は大乗の域に突き進んだものです。弘忍は深くこの青年行者の悟境に許しました。そして、次の日そっと彼を訪ねると、彼は米搗《つ》き部屋で石に腰かけて米を搗いておりました。

弘忍はその*解行《げぎょう》の円満に大いに感服して、ついにこの無名の青年行者を一躍、六祖に抜擢しました。これこそ*慧能《えのう》禅師であります。

伝えるところによれば、神秀上座は身の丈高く眉目清秀にして、威風堂々、政治的風格を備えておったといいます。頭脳も傑《すぐ》れておったのでありましょうが、要するに初期の*敬僕雋逸《けいぼくしゅんいつ》な禅者とはよほどその風神に相違があったのではないでしょうか。その後、慧能は広東の曹渓地方に*道誉《どうよ》を馳せたが、神秀は

＊解行
仏教教理の理解と修行。理論と実践。

＊慧能禅師
中国禅宗の六祖で、禅宗中興の祖といわれる。二四歳のとき黄梅山の五祖弘忍に師事し、「本来無一物」の偈により後継者と認められる。その後出家し、多数の修行者を教化。著書に説教集『六祖壇経』がある。（六三八～七一三）

＊敬僕雋逸
才能がとりわけ優れているけれども素朴さを敬う。

江北に去り、*則天武后の寵を得て宮廷に勢力を得ました。これ北禅、南禅の分かれであります。しかしながら、もとより真の禅風はついに宮廷の沙門よりは起こらずして、曹渓より発展しました。

　慧能の下に南嶽と青原《せいげん》との二大*龍象がありました。南嶽下に馬祖を出し、馬祖門下に百丈が出て、百丈の後に潙仰《いぎょう》・臨済の二派生じ、青原の後には参同契《さんどうかい》をもって有名な石頭あり。薬山・天皇の二大英霊漢を生み、後に曹洞・雲門・法眼の三派を開いた。この潙仰・臨済・曹洞・雲門・法眼を禅宗五家と称します。ただ、達磨以来、禅門諸高徳はすべて未だ禅宗とも称すべき宗教的形式を備えた生活をしておりません。かの人々は重んずるところは一に*前仏後仏、以心伝心。換言すれば「唯以道《ゆいいどう》相授受《そうじゅじゅ》」（ただ道を以って相授受）するにあります。そして、道を体得した人々は、あるいは巌穴《いわあな》に住し、あるいは律寺に寄食して、いわゆる人の住する所に住にせず、人の愛するところ

＊道誉を馳せる
誉れ高く評判となった。

＊則天武后
中国の唐の高宗の皇后。高宗の死後、国号を周に変え帝位につく。中国史上ただ一人の女帝。仏教を保護し、政治にも優れた手腕を発揮。（六二四〜七〇五）

＊龍象
大禅僧のたとえ。

＊前仏後仏
釈尊以前に成道して入滅した仏。また、後の世に現れるという弥勒を後仏というのに対して釈尊をさす。

を愛せずして、もっぱら縁に随う行者を説得していた。
そのうちに、禅風次第に挙揚され、求道の僧雲集《しゅう》するにおよんで、ここにようやく雲水を董督《とうとく》*して禅門独自の精神を発揮すべき一定の生活形式（道場）が要求され、ついに達磨以後二百年、百丈懐海《えかい》*禅師などの手によって次第に形式制度も完備し、坐禅弁道*にいそしむ「禅宗」なるものが発展していったのであります。

達磨が禅宗の祖といわれるのは、つまり従来経典の翻訳や、偶像礼拝や、現世利益を請い願う祈禱宗教や、もしくは無意味な難行苦行で悟りを開こうとしておった当時に真の求道生活を明らかにし、諸宗混淆《こんこう》の間から特に禅の必要を発揮したからであります。よく、俗間に面壁九年などと称して、達磨は長い年月少林寺で坐禅ばかりしていて、とうとう足が立たなくなった者のように思われておりますが、それは滑稽な誤解で、彼は少林寺を中心に、北魏において大いに求道者を説得したものです。

＊董督　正しく取り締まること。

＊百丈懐海禅師　中国・唐代の僧。禅院を創設し、「百丈清規」といわれる日常生活の基準を制定して禅宗の形式を確立した。（七四九～八一四）

＊弁道　仏道を一心に修行すること。

ただ、俗権に近づかず人目を眩惑するような一切の手段を遠ざけて、真に縁に随って法を説き、暇あれば悠々たる大自然と合一して静坐黙想に耽っていたため、俗衆よりはいかにも寂寞《じゃくまく》*無為《むい》に見えたのでしょう。

彼は道に入るに二種ありとしました。すなわち、道理を観ずる理入「思索的方法」と、体験を深めてゆく行入「実践的方法」の二つです。

小乗仏教では人世《じんせい》を苦悩と観て、生の根底を無明の活動としております。けれども、無明・行を生死流転の業と観るのは小乗の見であります。実在の真性はかくのごとき盲目的活動に非ずして、我々の思量を包み、我々の思量を超越した絶対的活動、我々のただ「如」、もしくは「真如」と称し得るもので、ただそれが各自に現れて、識となり、名色《みょうしき》となり六入となり、触・受・愛・取・有と発展して、ここに我と他と分立交渉を生ずるにおよんで、始めて無数の煩悩が生ずる。真性が客塵*のた

＊寂寞無為　ひっそりと自然のままで作為がないこと。
＊客塵　旅行中の塵汚れ。

めにおおわれる。我々はかくのごとき自他分別の境涯を去って、「無自無他」の真性に住せねばならない。「道」と*冥府せねばならぬ。これ「禅」であり、「定」であります。そのためには、すなわち智慧を磨いて真性を観ずる「理入」と、これを証得する戒入、つまり「行入」が必要である。*報冤《ほうえん》行、*随縁行、*無所求行、*稱法行などの深い証悟を積んで、ここに真性に帰一する、というのです。

特に達磨の教旨において肝腎なのは、その理行二種を貫いて、常に理に堕せず、戒に堕せしめざる全体の調和であり、統一的「あるもの」であります。

この宗風はそれこそ「神ながら」の道に最もいきいきと相通ずるものであります。平安朝の爛《ただ》れた文明とその中に昏濁した仏教とから再び国民本来の清純簡素な生命を回復しようとする至真の要求からは、法然や親鸞たちの浄土法門には前代の*疲患《ひかん》が確かにその根底に残っていて豁然《かつぜん》としません。前代の呼吸《いき》の

***冥府**　あの世。冥途。

***報冤行**　苦しい人生をすべて自業自得のものと考えて、これを忍受する。

***随縁行**　仏縁による道理にしたがって行うこと。

***無所求行**　何物にもとらわれない自由の境地で、何物をも求めぬ行為。

***稱法行**　真理そのものに立つ行動。

通っている人々にはまことに有り難い唯一の救いの道でしょうが、新興武士にはぴったりしません。そこへ達磨の法統を継いで栄西の臨済禅や道元の曹洞禅が起こったのであります。

最澄に遅れること四百年、同じく十九歳の青年僧・栄西*は京都に出て叡山に上り、天台の教学を修め、*伯耆《ほうき》の大仙《だいせん》において密教を学びました。そして、深く当時の仏教の頽廃を慨《なげ》いてひそかに真仏教復興の覚悟を抱いた彼は入宋求法すること再度、臨済宗五十三代の法嗣《ほうし》たるを得て帰朝したのは建久二年（一一九一）、五十二歳の七月でした。最初は鎮西に禅風を興し、建久五年（一一九四）にいよいよ京都に上って大いにこれを弘通《ぐつう》しようとしたが、反感に駆られた叡山の僧徒は猛烈にこれに反対し、彼を放逐して、禅宗を禁止せよと朝廷に傲訴《ごうそ》する始末でありました。

彼はこれに対して『出家大綱』や『興禅護国論』を著して堂々論陣を張り、禅宗は決して私見に出づるいわゆる新宗教で

＊疲患　旧弊。

＊栄西　日本の臨済宗の開祖。宋の天台寺で学ぶ。博多に聖福寺、鎌倉に寿福寺、京都に建仁寺を開き、禅宗の布教に努めた。（一一四一～一二一五）

＊伯耆　鳥取県の西部。

なく、傳教大師がすでに着手したものを大成する護国の法であることを力説しました。しかし、京都ではついに容れられず、新興階級の武士の帰依を得て、正治元年（一一九九）、五十九歳で化《け》を鎌倉に移し、建保三年（一二一五）、七十五歳で入寂するまで、もっぱら武家の外護の下に教界の革新、新教の宣揚のために尽瘁《じんすい》したのであります。

栄西は力をきわめて既成教団と論難力争し、

「我が没後五十年にして禅風大いに興るであろう」

と確信して逝《ゆ》きましたが、果たして彼の門より出でて入宋し、天童如浄*の法を嗣いで帰った道元は実に南都北嶺の都会仏教徒が夢想もできなかった大雪山のような崇高冷厳な禅風を確立いたしました。如浄はまた十九歳にして、従来の煩瑣な遊戯的学問を去って坐禅し、六十五歳にいたるまで、尻の爛れるほど坐禅しぬいた僧で、名利を嫌うこと盗賊の如く、城邑聚楽《じょうゆうじゅらく》に住《とど》まらず、国王、大臣に親近せず、一生華美な袈裟《けさ》など身に着け

＊**天童如浄**
　天童山の住職。臨済・曹洞両宗の宗旨を兼ね備えた独自の宗風を確立。道元の師。（一一六三〜一二二八）

ないで、本当に仏祖正伝の行持を保った真の出家禅者でありました。

この法を嗣いで帰って道元は京都より深草の廃院に移り、その後、付近に興聖寺*を建てて前後十一年、世間の宗門のごとく衆徒の盛んや権勢の栄えを顧みず、一個半個の説得を旨として、弟子の教養に全力を尽くしたのであります。しかしながら、その高風の新興武士階級を感化したことはかえって驚くべきものでありました。

新興精神を観る時、鑚仰《さんぎょう》すべきいま一つの宗教は「日蓮宗」です。聖徳太子以来わが国においても仏教史上つねに王者の位を占めてきた法華経も、奈良朝、平安朝と下るにつれて信仰はますます御利益的、遊戯的行事か、宗教学者の煩瑣な議論の材料になってしまいました。しかるに爛熟し果てた貴族文明の平安朝時代よりようやく復古清新、剛健な日本精神が山野の間より起こってきた機運に応じて、房州の一隅に生まれ出ました日

＊興聖寺　曹洞宗永平寺派の寺。宋から戻った道元が越前の永平寺を開く前に京都・伏見の深草に建立。

蓮は、熱烈真剣な求道の念に駆られて叡山に、奈良に、高野山にいたるところ、仏教各宗の玄義*を尋ね、ついに諸経のうち、法華経の最勝を悟ったのであります。それも単にいわゆる学問として、知識として推究《すいきゅう》*したのではなく、生命の問題（理解に対する事の教え）として、全人格をひっさげて参究*（色読）したのであります。

　宇宙人生一切の根源であり、また、宇宙人生そのものである法性の実相妙用を明らかにし、物我の迷執《めいしゅう》を去ってここに悟入体達してゆく迹門始覚《しがく》より、白雲おのずから去来するも、青山もと動かぬように、無始以来不覚《むしいらいふかく》の迷妄はあっても、その法性、本来つねに覚体である本門本覚を説いて、人はすなわち法、始覚実《しがくじつ》は本覚であることを教える法華経を彼ははじめて文字よりそのままに仏にまで徹悟し、信仰し、法華経そのものを一身に体現するに勇猛精進いたしました。

　しかるに法華経に、その教えを宣布すべき行者があらゆる窮

＊玄義　奥深い教養。幽玄な理。

＊推究　道理を推し量って考えきわめること。

＊参究　仏法の真髄を探究すること。

厄迫害と戦うてこれを折伏化導*せねばならぬことを励ましている末法濁世《じょくせ》が彼の眼前に惨澹として展開しておりました。敗徳乱倫《らんりん》の世俗、破戒無慚の教団、源平の興亡、朝幕の軋轢《あつれき》、一々その熱血に訴え、道骨《どうこつ》に響きました日蓮は、あたかも弓矢をとって雄たけびしました坂東武者をそのままに、法華経を戴いて敢然として、末法濁世に義戦を開始したのであります。

正法を穏やかに説くのは摂授《しょうじゅ》といって、濁世の頑民*《がんみん》らにはも一つ効果がありません。彼らにはむしろ真っ向から正法をふりかざし、彼らの反感を挑発し、憤怒を煽動し、怨嫉《えんしつ》を暴露せしめ、あらゆる軽薄と偽善との鴆毒*《ちんどく》を滌蕩*《てきとう》して、一挙に法華経に転入せしめるのが有効なる方法であります。これを「逆化《ぎゃっけ》下種《かしゅ》」と申します。かの頑民は必ず始め日蓮の正法獅子吼*《く》に対して反感を持ち、憤怒迫害の結果、一層悩みを深くし、災いを蒙り、内乱外患のために進退に窮して、ここに始めて衷心から、「南無妙法蓮華経」と唱えるでありましょう。これ頑民の「懺

＊折伏化導
説法・祈禱などによって衆生を屈服させ、教化し導くこと。

＊頑民
かたくなまで命に従わぬ民。徳化に服さない者。

＊鴆毒
鴆は毒鳥、その羽を浸した酒を飲めば死ぬという。鴆の羽を酒に浸した毒のこと。

＊滌蕩
けがれを濯ぐ。

悔滅罪」であります。いや、頑民ばかりではありません。かくして迫害をこうむり窮厄《きゅうやく》に苦しむのはすなわち自分自身が法華経を疎かにしておった罪のいたすところで、頑民における懺悔滅罪はとりもなおさず自分の「儀表《ぎひょう》滅罪」であります。この大精神をもって彼はひたすら現実に仏国宝土を作り、戒壇*建立に努力いたしました。この法門が彼の人格と相まって、いかに世人の魂を感動したかは申すまでもありません。平安朝にはとても見られない宗教で、しみじみ時運というものを痛感させられるではありませんか。

＊**獅子吼**　獅子がほえるように熱弁をふるい、真理・正義を説くこと。

＊**戒壇**　僧侶に戒を授ける儀式を行うために設けた壇。

第八章　仏教的神道と新儒教の発達

仏教的神道の成立と限界

こういう際に、神道の方はいったいどうなっていたのでしょうか。傳教、弘法以来、別して鎌倉新仏教興隆につれて、元来、教理というような方面に長ぜぬ神道はおのずとそれを仏教に求めるようになり、仏教徒の方でも在来の国民的信仰と融合してゆく便宜上からも相俟って、ここに仏教的神道とでもいうべきものが発達してゆきました。

その有名なものは、まず第一に真言密教的なものであります。元来、真言密教の方では、釈迦の説法はすべて人のためにしたものであるから分かりやすいが、それだけ、よそよそしくて真《ま》言《こと》ではない。いわゆる顕教である。これに対して*大日如来《だいにちにょらい》の説教は自分の意をそのままに語っている真言《しんごん》であって、それだけ分かり難い密教であるとして、この大日如来を本尊としております。大日の梵名《ぼんみょう》は、摩訶毘盧遮那《まかびるしゃな》Mahavairocanaでありまして、大日――暗を除きあまねく明らかにする――世間の日は夜を照らさず、物の一面は陰となりますが、そういうことのない、一切処に応じて大照明をなすものであります。これを神道における日の神様でもある天照大神《あまてらすおおみかみ》に結びつけて、大神の本地は大日如来、大日如来の垂迹《すいじゃく》が大神であるとしたのです。まことにうまい考えであります。

そして、密教に説く*胎蔵《たいぞう》界、*金剛界の両界（あるいは両部）曼荼羅に我が神祇を附会して説明を試みております。曼荼羅は昔インドの秘法に、諸神の来降を請う時に魔衆の侵入するのを防ぐために、砂上に円を画することから始まり、一定の方式に

＊大日如来
密教で、宇宙の森羅万象を体現する根本仏。その姿には、智の働きを表す金剛界大日如来と、理を表す胎蔵界大日如来の二尊がある。摩訶毘盧遮那如来、遍照尊、遍照如来ともいう。

＊胎蔵界、金剛界
密教で説く両部。胎蔵界は大日如来を理性の面から表した部門で、理性が胎児のように慈悲に包まれて育まれていることをいう。金剛界は大日如来を智慧の面から表した部門で、如来の智徳がすべての煩悩を打ち砕くほど堅いことをいう。

諸仏諸菩薩を配置したものであります。胎蔵界というのは母胎のように世界をその中に摂持するもので、これに仏部、金剛部、蓮華部があります。

金剛界とは、生死海中に沈淪《ちんりん》*するも壊滅することなく、かえって一切の煩悩を摧破《さいは》*するという大日如来の法身――自性真身のことで、仏部、金剛部、宝《ほう》部、蓮華部、羯磨《かつま》部の五部があります。鎌倉時代にできました『三輪大明神縁起』という書などは三輪山、一に御室《おむろ》山を三無漏《みむろ》山と仏語化し、この山中に住む神々を天照大神を中心に両部曼荼羅諸尊の形をなすように説いております。弘法大師の著のように仮託した『天地麗気記《てんちれいきき》』などもまったく密教によって日本神話を説き、神々の本地仏*を明らかにしております。

傳教大師も弘法大師同様に利用されて、山王一宝神道の開祖にされております。傳教大師の天台宗に三諦があります。すなわち、実在は常人の妄想や迷情をすべて空しくしたものである

＊沈淪
深く沈むこと。

＊摧破
砕き破ること。また、砕け破れること。

＊本地仏
神の本地（菩薩）である仏。

ことを説く空諦、しかも実在はまた森羅万象そのままに無ではないことを説く仮諦、この両諦を中《ちゅう》した（アウフヘーベン）実在の真実絶対を説く中諦、この三つの諦を立てて詳論しているのですが、山王一宝神道ではこれを利用して、

「日吉（比叡）の山の神を山王というのは、実はこの三諦円融《えんゆう》の意味で、『山』の縦三本は空・仮・中の三諦であり、横一本は一貫を表す。また、『王』の横三本も三諦で、縦一本が一貫を表す。一貫とは一乗の実義、すなわち、衆生を差別せず、一切を摂受して一仏にまで乗せてゆく意味である」

として、すべて天台宗の教理から説いているのです。

次にまた法華神道もできました。仏教にも梵天とか帝釈とかいう護法の神があります。また、五代*の頃、戒禅師*から始まったといわれております三十日仏名《ぶつみょう》、すなわち定光仏《じょうこうぶつ》から釈迦如来までの仏を一ヵ月（三十日）に配当して、日々これを信仰することなどに基づいて、我が国の熱田の神から春日や吉備の

＊五代の頃
唐から宋への過渡期に、中原に興亡した後梁・後唐・後晋・後漢・後周の五朝。九〇七～九六〇頃。

＊戒禅師
中国・五祖山の禅師。三〇仏を一ヵ月三〇日に配して供養する三〇日秘仏（今日の縁日の基礎）を始めたとされる。

神にいたる三十座の神々が毎日交替に法華経を守護されるという三十番神話はその最も知られている説であります。

そうかと思うと、親鸞の後の存學《ぞんがく》などは弥陀一仏を念じさえすれば諸仏の垂迹*に過ぎぬ神明など拝むまでもない、というようなところまできております。しかしながら、同時にこういう仏主神従思想、本地垂迹思想に服することのない自主的、国粋的精神も台頭しまして、たとえば『太平記』の中の日本朝敵の事の条に、天照大神のことを、「ある時は垂迹の仏となり」、「ある時は本地の神に返り」と書き、また、『百合若大臣《ゆりわかおとど》』という舞の曲にも、

「神を本地の仏とはよくも知らざる詞《ことば》かな。根本地《こんぽんち》の神こそ仏とならせ給いつつ衆生を化度《けど》したまうなれ」

といっております。

文明（一四六九～一四八七）から永正（一五〇四～一五二一）にかけて活躍した吉田兼倶*《かねとも》は、祖先の卜部《うらべ》家以来の家学を受け

＊垂迹
仏・菩薩が衆生済度のために仮の姿をとって現れること。特にわが国の神についていう。

＊吉田兼倶
室町中期の神道家。吉田神道の創唱者。足利義政の夫人・日野富子に接近、洛東神楽岡に斎場所・八神殿を設けて神祇長上と称し、宗源宣旨によって全国の神職をその支配下に置こうとした。（一四三五～一五一一）

て、この反本地垂迹思想の上に仏教的神道から独立した、というよりこれを逆用した卜部神道、吉田神道、また唯一神道、元本宗源《がんぽんそうげん》神道といわれる一派を主張いたしまして、神道を万法の根本、儒教を枝葉、仏教を花実というふうに観《かん》じ、儒教や老子の説も採り、聖徳太子に仮託して、『古事記』や『日本書紀』から*雑纂《ざっさん》した後世の偽書《ぎしょ》であります『舊事紀《くじき》』に『古事記』『日本書紀』を根本経典にして盛んに教えを説き、一方、密教に倣《なら》って加持祈禱をやる道場、斎場を建てました。これは確かに時機に乗じたものでありますが、残念ながら兼倶その人が仏教各宗の開山などに較べものにならぬ人物であったため、世を感化するまでいたりませんでした。仏教的神道諸派も徳川時代まで徐々に整ってゆきましたが、神祇の崇拝以外そういう教理はどこか不自然であり、やはり、人物、教学ともに仏教諸宗に対抗すべき神道家が出なかったため、*世教《せきょう》の上からいえば、いずれも*寥々《りょうりょう》として聞こえません。

＊雑纂　雑多な文章・記録を編集すること。

＊世教　世に行われている教え。

＊寥々　ものさびしいさま。ひっそりしているさま。

日本精神を刺激した宋学の大義名分論

転じて儒教の経過を尋ねてみましょう。最澄、空海らは入唐《にっとう》しましたが、栄西、道元らは入宋《にっそう》いたしました。その間約四百年。中国における儒教史上にも大きな変化がありました。原始儒教は戦国から老荘思想とも習合《しゅうごう》して発達しましたが、一度、秦の始皇帝の大迫害をこうむって衰退し、その後、漢から唐にかけては、典籍の発見やその考証訓詁《くんこ》*などに終わって、思想信仰の上からは大きな飛躍もありません。その間に仏教の伝来があり、道教の活動が始まり、その影響で儒教も唐の中頃からぼつぼつ思想的にも生命づいてまいりました。その時に現れた韓退之《かんたいし》*や白楽天*、ことに白楽天は平安朝文学に甚大な感化を与えたものでありますが、この人たちもいずれかといえば、文学者の方であって、道徳信仰の上から大きな力を世におよぼしたのではありません。

***訓詁**
字句の解釈。

***韓退之**
韓愈の別名。唐の文章家・詩人。唐宋八家の一人。（七六八～八二四）

***白楽天**
白居易。中唐の詩人。『長恨歌』で知られる。（七七二～八四六）

***周濂渓**
周敦頤の別名。宋学の大家の一人。太極説を唱えて、宋学の宇宙論に寄与した。（一〇一七～七三）

しかるに宋になって、*周濂渓《しゅうれんけい》や*程明道《ていめいどう》・*程伊川《ていいせん》の兄弟、*邵《しょう》康節《こうせつ》や*張横渠《ちょうおうきょ》などが出るとともに儒教も面目を一新し、実践的な儒教に深い思索を加え、精神生活あるいは人格生活の学（心学あるいは性理学）ともいうべきものを、それぞれ樹立するようになりました。そして、それらの人物もまた優に歴史の上に尊い風格を留めるだけの偉大なものでありました。特に南宋に出ました朱子《しゅし》（晦庵《かいあん》）は先哲の学を集大成した偉人で、陸子《りくし》（象山）、その後学・明の王子（陽明）とともに日本儒教に絶大な感化を与えました。彼らの学、これをひっくるめて宋学といいますが、宋学を通じての特色は、人間生活に本能情欲にまかせる功利の生活と、厳粛なる良心による道義の生活と、すなわち義利の弁を明らかにし、ひいては国民とし社会人とし、職業人としての行動の原則——出処進退——大義名分を正したことであります。

宋が興ったのは我が国の村上・円融天皇の時代（九四六〜九

***程明道・伊川**
明道（一〇三二〜八五）は北宋の大儒。周敦頤に学び、宇宙の本体を乾元の気とし、理を基礎とする道徳説を主唱。弟の伊川（一〇三三〜一一〇七）とともに二程子と称された。

***邵康節**
北宋の学者。宋学の提唱者。易を基礎として宇宙論を究め、象数論を開く。（一〇一一〜一〇七七）

***張横渠**
北宋の儒家。宋学創始の一人。天地の性・気質の性の説を創出。生没年不詳。

八四）、藤原氏の盛んな頃で、鎌倉幕府建設の二百年も前のことでありますが、この間ずいぶんと彼我の交通があって、宋学もこれにともなって次第に浸潤しておりました。鎌倉に入ってはいよいよ盛んで、栄西も宋に入っては朱子門下の人々と交遊いたしており、儒教に兼通して有名な肥後の*俊芿《しゅんじょう》法師も仏書のほか儒・道の書籍二百五十六巻を持って帰りました。道元も儒学に深い人であります。宋からも、道隆、凡庵、普寧、正念、寧一山などが相次いで帰化しましたが、いずれも儒・禅に兼通した大家で、盛んに教化を興した人々であります。

義利の辨を明らかにし、大義名分を正すこの宋学が日本精神を刺激高揚しました大きな現象はまず建武中興（一三三四）でありましょう。鎌倉末期、京都に*師錬《しれん》（虎関《こかん》と号す）という才学・識見超凡の禅僧がありました。儒、仏両教にわたって精通し、後伏見天皇や光明院、後村上天皇方も崇敬された人でありますが、彼は同時に烈々たる国家的精神に燃えて、深甚な感化

＊俊芿法師
鎌倉初期の律宗の僧。一一九九年に宋に渡り、一二一一年に帰朝。仏典、儒書、雑書など二一〇〇巻を請来。（一一六六～一二二七）

＊師錬
南北朝時代の臨済宗の僧。号は虎関。海蔵院におり、ついで南福寺に住む。詩文に長じた。著書に『元亨釈書』『済北集』など。（一二七八～一三四六）

＊玄慧
鎌倉後期・南北朝時代の天台宗の僧。師錬の弟。天台・禅・宋学を究め、後醍

を門人に与えました。その著『元亨釋書《げんこうしゃくしょ》』は日本仏教史ばかりでなく儒教の上からも敬重すべき名著であります。

その門流に玄慧《げんえ》*という天台僧がありました。京の北小路におりまして、獨清軒《どくせいけん》や健叟《けんそう》などと号した人でありますが、仏僧よりはむしろ儒者に属する人でありまして、宋の哲人・司馬光がその全精力を傾け尽くして大成した『資治通鑑《しじつがん》』*を愛読し、程氏兄弟や朱子の学を尊信して、従来の漢唐諸儒の注釈にあき足らず、程・朱の新注を用いて活き活きした講論を試みました。

後醍醐天皇は特にこの人を侍読に挙げておられます。有名な藤原資朝《すけとも》、俊基《としもと》、藤房《ふじふさ》や花山院師賢《かざんいんもろかた》など慷慨義烈の人々は多くこの玄慧に就いて、学を問い、道を聞き、青年の純真熱情を傾けて、しばしば夜の更けるのも知らず議論し合っていたようであります。なかんずく、資朝卿の英邁な人物学識は花園天皇も感嘆し、始終その経筵《けいえん》に呼び寄せられて、好学の縉紳《しんしん》*や僧侶も侍坐《じざ》の光栄にあずかったようですが、『御宸記《おんしんき》』を見ると、天皇

醐天皇侍読。また、足利尊氏に用いられ、建武式目の制定に参与。『太平記』の著者といわれる。（？〜一三五〇）

***資治通鑑**　周の威列王から五代の終りまで、三六二年間の歴代君臣の事跡を編年体に編纂した書。

***縉紳**　官位の高い人。身分のある人。

はある時、資朝らが『論語』を語るのを立ち聞きされ、「玄慧僧都《そうず》儀《ぎ》は誠に達道《たつどう》か」と感服しておられます。

この資朝に、師賢《もろかた》、四條隆資《たかもと》、俊基《としもと》、諸卿に足助重成《あすけしげなり》や多治《たじ》見國長《みくになが》などが加わって、衣冠を脱いで、無礼講を催した時に玄慧を招いて韓退之の文集などの講義を聞き、密かに北條氏討伐の密計を進めていたことが『太平記』に面白く伝えられております。事が露顕して幕府のために捕らえられた俊基が、この無礼講のことを詰問されると、彼は、

「兵事は昔から公卿《くげ》の知らぬところで、無礼講などとは何のことか自分にはわからぬ。自分は儒官で暇あれば僧玄慧を招いて文礼講はやっていた。その伝聞の誤りではないか」

などと答えて、幕府の役人を煙に巻いております。

北畠親房もやはり玄慧に学んで『資治通鑑』などに精通し、大義名分に深く思うところあって、常陸小田籠城中に『神皇《しんのう》正統記《しょうとうき》』を著し、大いに日本国体を闡明《せんめい》して不朽の業績を留

＊北畠親房
南北朝時代の公卿。後醍醐天皇に信を得て大納言に抜擢される。一時出家するが、建武の新政の後、再び出仕。南北朝では後醍醐天皇の側近として活躍し、北朝・幕府と対抗した。（一二九三〜一三五四）

＊神皇正統記
北畠親房が著した歴史書。神代から後村上天皇までの各天皇の事績を年代記形式で述べている。国家や政治のあるべき姿を説き、天皇の絶対的権威と南朝の正統性を強調している。

めたことは誰知らぬ者もありません。楠木正成以下勤皇の諸将いずれもこの宋学や禅によって心術を練らぬはありません。後世、治国平天下の道が真剣に考えられ、事あれば勃然として大義名分の論起こって、覇者を排し、王道を説き、儒教にからまる＊禅譲放伐観《ぜんじょうほうばつかん》をいつしか純化し活用して、武家政治に分を守ることを失なわしめず、皇家を神聖不可侵たらしめた国民的偉業の原動力が大いに宋学に掬《く》まれたことは日本精神を学ぶ者の忘れてならぬことであります。

ここにまた、深思力説したいことがあります。それは平安朝末期、藤原氏の文化的頽廃から腐爛《ふらん》日本を維新して、清新剛健なる文化を開発したのは地方武士であったことが、新たにまた繰り返されるにいたった問題であります。

南北朝合一の後、京都に室町幕府の樹立となり、足利義満や義政によっていわゆる室町文化が興ったのも束の間、将軍豪族らの驕奢《おごり》と＊怨嫉《えんしつ》、そのための失政と忿争とはたちまち応仁文明

＊禅譲放伐観
禅譲は帝王がその位を世襲せずに有徳者に譲ること。放伐は徳を失った君主を討伐して放逐すること。中国人の易姓革命観。

＊怨嫉
恨みや嫉心。

の大乱を惹起《じゃっき》し、応仁元年（一四六七）七月、細川、山名両軍の市街戦から始まって、前後十一年にわたって京都を中心にまったく戦国乱離の世の中になりはてました。都はほとんど焦土廃墟と化し、三條の大橋から宮中の御燈《みあかし》が見え、陛下の御*宸筆《ごしんぴつ》で*用度の料を補うというような信ぜられぬことが事実であったほどでありますから、公卿衆などは参内しようにも装束《しょうぞく》はなく、一枚の衣服を交替に着用して出仕する始末で、極端な生活困難に陥りました。かかる間にも皇室では少しも御修養に怠りなく御精進されていたことはもったいないほどであります。応仁の乱は後土御門《ごつちみかど》天皇の時代からでありますが、父君の後花園上皇はかねて天皇の御教養に深く心を注がれ、遊学を排して実学を主張し、主上の御学問として、漢学・国学を奨励し、一方、天皇はまた誠実にこれを御遵奉され、かの吉田兼倶を召して『日本紀』を、船橋宗賢《そうけん》に『論語』を諸卿とともに御聴講になり、*三條西実隆《さんじょうにしさねたか》のような敬虔博学の名臣などが補佐を申し

＊御宸筆
天子の筆跡。天子の直筆。勅筆。

＊用度の料
必要な費用。お金。

＊三條西実隆
室町後期の歌人。三條西家歌学の祖。飛鳥井雅親に和歌を学び、宗祇から古今伝授を受けた。古典に通じ、また、書（三條流）をよくした。日記『実隆公記』、家集『雪玉集』などがある。（一四五五〜一五三七）

上げておりました。こういう感化をこうむっていた公卿たちの多くが乱離のため、各地に四散し、流寓したのであります。たとえば、鷹司家は奈良に、一條家は大和・越前・土佐に、二條家は備前に、三條家は周防に、姉小路家は飛驒にというふうに都落ちいたしました。しかるに、素朴剛健な気迫と経済的実力を持って密かに教養の不足を痛感しておりました各地の豪族の心ある者はこれらの人々を礼をもって迎えましたので、戦国乱離に万感を胸に宿したこれら縉紳はその蘊蓄《うんちく》を各地に傾けて、地方人士の文化に深甚な貢献をすることができました。

近江蒲生の小倉實澄《さねずみ》*のごとき、経史・儒・仏に兼通し、朱子の新註を喜んで、大いに詩文を鼓吹した人であります。中国地方の大内氏はその兵馬、財政の実力をもって大いに学芸をも振興し、義隆の頃その城下・山口は京都を移した感がありました。彼は自ら『大学』の序を講じ、また、公卿に命じ、更日会《こうにちかい》を設けて『書経』を輪講させました。毛利氏になってもこの精神は

＊小倉實澄
近江八尾山城主。蒲生定秀に攻められて自害した。（一四三九〜一五〇五）

継承され、吉川元春は洗合《せんごう》の陣中において『太平記』四十巻を写し、小早川隆景は*足利学校から学者を三原に迎えて「孔子廟」を建て、聖賢の学の興隆に尽瘁《じんすい》したほどの人々であったのであります。

足利学校といえば、北條實時（義時の孫）の建てました「*金沢文庫」とともに最も有名な学林であります。これは足利氏の祖先で、頼朝に愛された義兼が野州足利に子弟の教養のために建てたものといわれておりますが、上杉憲實《のりざね》はこれを再興して、四書五経や『史記』や『文選《もんせん》』を教授させました。天文（一五三二〜一五五五）の頃、九華《きゅうか》和尚が第七世として教鐸《きょうたく》を振いました盛時には受講した生徒が三千人と伝えられております。

土佐には吉良宣経《のぶつね》、宣義のごとき名将がありまして、哲人的風格に豊かであった*南村梅軒に就いて四書孝経七書などを学び、盛んに仁義道徳の風を興すことに努めました。長曾我部元親も大いに儒教を尊重し、*忍性《にんしょう》や*如淵《にょえん》に師事して、豊岡城内に講

＊足利学校　鎌倉初期、足利（栃木県南西部）に創設された学問所。室町時代に上杉憲実が儒書・領田を寄付して再興。武士・僧侶の教育にあたる。校主は多く僧侶で、儒書や医書を講述。

＊金沢文庫　鎌倉中期、北条実時が金沢（横浜市）の称名寺境内に基礎を築いた図書館。和漢の貴重書を多数蒐集・保存する。

＊南村梅軒　戦国時代の儒学者。天文末年、土佐で朱子学を講じ

堂を設け、月に六回は諸士を集めて文武の道を講究したといいます。

肥後の菊池氏は南北朝以来の勤王史上、楠木氏とともに東西双絶の武家でありますが、さすがに道を求め学を好むことも代々のゆかしい家風でありまして、室町末期にいたっても為邦《ためくに》重朝《しげとも》のような名将が盛んに教学を興し、その隈府《わいふ》は＊鎮西《ちんぜい》文化の＊淵藪《えんそう》でありました。重朝は城西に学校を建て、孔子およびその門下十哲の像を安置して、春秋釋菜《せきさい》の礼を行い、有名な学僧・＊桂庵《けいあん》も文明八年（一四七六）にはこれに参列しております。この桂庵は薩摩の島津忠昌に招ぜられて、この地に大いに宋学を鼓吹し、心ある者全国各地より道を慕うて集まり、桂庵より月渚、一翁、文之と学統相承けて、日本漢学の一大淵源をなしたものであります。

有名な五山文学も決して仏教専属のものではなく、儒教史上にも大きな文勲《ぶんくん》を留《とど》めるものといわなければなりません。五山

禅儒の一致を説く。南学派の祖とされる。生没年不詳。

＊忍性
鎌倉時代の律宗の僧。諸国を遊歴し、道路・橋梁を修築・架設、貧民救済など社会事業に尽くした。（一二一七〜一三〇三）

＊如淵
臨済宗の僧、南村梅軒の儒学を唱えるを聞き、僧学を講じた。（?〜一五八〇）

＊鎮西
九州の称。

というのは、インドの王舎城が五つの山に囲まれ、これに五つの*精舎があったことに擬して、宋代禅宗の盛んな頃からできたものでありますが、日本でもこれに習って、臨済禅家の間に鎌倉五山（建長、円覚、寿福、浄智、浄妙。勢力争いで時に変化あり）、京都五山（南禅特等《とくとう》、天龍、相国、建仁、東福、栄壽、同前）の制が立てられました。鎌倉の方は幕府の衰退の影響を受けて振るわなくなりましたが、京の方は次第に栄えて、修禅辨道ばかりではなく、不立文字といいながら、最も文芸的な禅門の妙を発揮して、常に文運の指導者たる概を発揮しました。

室町初期、五山の代表的偉人といわれております義堂《ぎどう》なども俗家に対しては明らかに儒・仏一致を唱え『孝経』や『*貞観《じょうかん》政要《せいよう》』を当路に勧めまして、しきりに儒教を奨励しております。そして、五山の僧の間に漢書家や史記家のようなものまでできました。漢籍の読み方なども著しく進歩し、したがって学問も普及いたしました。禅そのものからいえば、そこに戒めねばな

＊淵藪
物事の寄り集まる所。

＊桂庵
室町後期の臨済宗の僧。島津氏の殊遇を受け、薩南学派を起こし、『大学章句』など四書の新注を日本で初めて刊行した。（一六六一～七三）

＊精舎
僧侶が仏道を修行する所。

＊貞観政要
唐の太宗が群臣と政治上の得失を問答した言を収録し、治道の要諦を説いた書。

らぬものがありますが、それはとにかくとして、こういう次第で、中央の頽廃がかえって全国各地に道の種子を播いて、これが戦国群雄興起の因をなしたのであります。それから徳川家康の一統となりまして、彼はもはや単なる武力や功利をもってしてはとうてい長く天下を維持することのできぬことを深く識《し》りまして、*藤原惺窩《せいか》や*林羅山《らざん》、*金地院崇伝《こんちいんすうでん》や*天海《てんかい》僧正らの教えを受け、風教を篤《あつ》くすることに心を傾けました。かれこれ相俟って儒教は徳川時代には名君、賢相、碩学、高士の輩出に非常に役に立ち、士民の生活をどれほど幸福にしたか測り知れぬものがあります。日本なればこそよくここまで実践いたし得たと申さねばなりません。

＊藤原惺窩
　江戸初期の儒学者。冷泉家の出身。初め相国寺の僧、のちに朱子学を究め、儒をもって世に立つ。門人に林羅山らを輩出。著書に『惺窩文集』がある。（一五六一～一六一九）

＊林羅山
　江戸初期の幕府の儒官。藤原惺窩に朱子学を学び、家康以後四代の侍講となる。また、上野忍ヶ岡に学問所および先聖殿を建て、昌平黌の起源をなした。（一五八三～一六五七）

第九章　キリスト教の伝来とその経過

仏教の硬直化と清新なキリスト教の流行

前述のように応仁文明の乱は京を中心に日本の支配階級を混乱に陥れ、民衆に非常な不安困惑を与えましたが、折角、興隆した仏教はその頃になって実ははなはだ堕落頽廃していったのであります。すでに平安朝の公卿政治と結んで、だんだん大きな特権階級となり、寺領や大衆を掩有《えんゆう》するようになりました時から、教団に僧侶すなわち出家ではなく、在家世間で面白くない無頼の徒がまぎれこみ、その政治が頽廃し、社会が混乱するにしたがって、特権階級的僧団は自己防衛のために次第に武装

＊金地院崇伝
江戸初期の臨済宗の学僧。南禅寺住持として金地院にあり、のちに幕府に用いられて僧録司となり、外国文書をつかさどる。公家・武家をはじめ諸寺諸宗の法度の制定に参与し「黒衣の宰相」と呼ばれた。（一五六九～一六三三）

＊天海
江戸初期の天台宗の僧。徳川家康の知遇を受け、内外の政務に参画。家康の死後、権現号の勅許を請い日光山に改葬し、輪王寺を建立。（一五三六～一六四三）

の必要すら生じるとともに、この無頼の偽《ぎ》出家が役に立つことになりまして、ついに有名な僧兵が跋扈《ばっこ》するようになりました。室町末期も時勢相応に、昔そのまま叡山、高野山、興福寺、東大寺などの僧兵が、例の傲訴《ごうそ》、他寺との闘争、互いの紛擾《ふんじょう》に日もこれ足らぬありさまでありました。

鎌倉以来の新興仏教も、本願寺は畿内、東海、北陸にわたる勢力を糾合して、だんだん政治的勢力を作り、大名と気脈を通じ、百姓を煽動し、城廓を構え武力を練るようになりました。逆化下種の日蓮宗が温順《おとな》しかるべきはずはありません。これは天文（一五三二〜一五五五）の始め、本願寺と拮抗《きっこう》するまでに陣営を張り、細川氏と結託して両々激しい戦闘を交えました。禅僧すらご多分に漏れず、武器を弄《ろう》し、徒党を組んで、乱暴狼藉の限りもありません。名僧知識は次第に隠れ、世を修め、人を救済することはむしろ儒教に譲り、出家は俗人よりもはるかに浅ましくなったというその頃、キリスト教が日本に伝わってきたことをまた注意しなければなりません。

　キリスト教の日本に伝来したのを聖武天皇の時代とする説もありますが、それは学者の考証道楽で、やはり、*後奈良天皇の天文十八年（一五四九）スペインの宣教師フランシスコ・ザビエルによるとするのが穏当であります。コロンブスの死んだ年に生れ出でた彼は、今日も同じ流血の惨禍に悩むスペインに育ってパリに学び、熱烈な*ロヨラの感化を受けて、伝道や治療に身を捧げ、次いで東洋布教のためインドに渡り、天文十八年八月、トレス、フェルナンデスの二宣教師とともに鹿児島に着いたのであります。

　彼はここに一年ほど滞在し、*島津貴久《たかひさ》に謁し、百余の人々に洗礼を施し、それから平戸、山口を経て京都に上りましたが、戦乱のためどうすることもできず、堺から平戸に返り、また、山口に赴き、*大内義隆を説いて布教の許しを得て、前記の二宣教師をここに留め、自分は豊後の*大友義鎮《よししげ》を訪ねて、その帰依

***後奈良天皇**
第一〇五代天皇。在位三一年におよぶも群雄割拠のため皇室の衰微が甚だしかった。（一四九六〜一五五七）

***ロヨラ**
スペインの司祭。イエズス会の創始者。貴族出身。フランスとの戦いで重傷を負ったことをきっかけに修道生活に入る。エルサレム巡礼後パリ大学に学び、その後、ザビエルらと反宗教改革の旗印のもとイエズス会を創設、初代会長となる。（一四九一〜一五五六）

を得て、天文二十年（一五五一）十一月にインドに還《かえ》りました。いうまでもなく、キリスト教は、イエス・キリストの信仰に基づく宗教ですが、イエスとはヨシュア Joshuah（神佑）の意の転化したもので、キリストは救世主を意味するメシア Mesiah のギリシャ語訳だと申します。我が神武天皇の末年、国都イエルサレムを陥されて、バビロニアに亡ぼされたイスラエル（あるいはユダヤ）民族の主なるものは皆、バビロンに拘執《こうしつ》の身となりましたが、彼らは熱烈にその民族神エホバに祈り、ペルシャが勃興して帰国を許されると神殿を再建して、その古き祖先の神の教えを民族の間に振興しようと努力いたしました。彼らはこの神を祭祀する厳格な儀式戒律を定め、民族全体を一の宗団に組織し、神佑によって外夷の迫害を排し、ふたたび古《いにしえ》のダビデ王（この正系がユダ王国、ユダヤ民族）の世のような黄金時代を現出させていただきたいと祈願いたしました。メシアとはこの神の救いの実現せられた世のイスラエル民族統治者たる

＊島津貴久
室町・戦国期の武将。家督を義久に譲るまで、キリスト教の布教の許可、琉球との貿易奨励など積極外交を展開。軍事・経済基盤を固めた。（一五一四～七一）

＊大内義隆
室町・戦国期の武将。大内氏三一代当主。大陸貿易の掌握に努めた。また学問・芸能にも秀で文人墨客と交わった。ザビエルにキリスト教布教を許したことでも知られる。（一五〇七～五一）

王者を意味するものであります。それが後にだんだん超人間的な神秘的存在、神に代わって正しい審判を与える人間の救い主というふうに考えられました。我が垂仁天皇*の時代、ガラリヤ湖畔にその霊感に満ちた熱情を傾けて、神の国の来迎、懺悔と救済の福音《ふくいん》を説いたイエスの弟子らは、ついにイエスをこのメシア、すなわちキリストと呼ぶにいたったのであります。

ユダヤ教の民族神はキリストによって国民的制限を除かれ、人類の父なる神となり、したがって神国の再現もその他民族に対する怨恨憎悪をも一切を解消して人類相愛の世界統治の信仰に化せられました。しかし、実際はなかなかそこまでゆかないことは明瞭ですから、キリストは全力を挙げて、いかにして人はこの神の国に入ることを得られるかの問題を説きました。

「人はその父なる神の支配と慈悲とに帰依し、まず隣人よりして愛せよ。人を堕落させる手がかりたるあらゆる財宝に目をくれず、余計な煩慮をめぐらすべきでない。人と人とが野

＊大友義鎮　戦国時代のキリシタン大名。豊後臼杵城主。母は大内義隆の姉。毛利と長年にわたって戦う。和議が成立した後は貿易を振興し、キリスト教を保護。（一五三〇～八七）

＊垂仁天皇　第一一代天皇。父は崇神天皇、母は御間城姫。四三歳で即位し、在位九九年（前二八～七〇）、一四〇歳で崩御と伝えられる。

獣のようになる忿争を戒めて、絶対に目をもって目に報い、歯をもって歯に報いるような卑しいことをするな。右の頬を撲《う》つ者あれば、左の頬をも向けよ。敵といえども愛せよ」と教えました。「これ神の教えに背き民族を滅ぼすものなり」と痛烈な迫害がユダヤ人から始まりまして、キリストはついに十字架上磔殺《たくさつ》されましたが、これはかえって信徒の熱情を刺激し、ことに迫害者の一人パウロが回心帰依して、「キリスト我《われ》にあって生き、人は彼を信ずるによって神の子たるを得る」ことを確信し、人種の差別を超越して世界的宗教を唱導し、教《おしえ》の基礎を確立いたしました。

ザビエルはそのキリスト教徒の中でも最も熱烈な、不惜身命の覚悟をもって、法王と教会とに尽くそうというロヨラのゼスイト Jesuist 教徒でありました。彼はいち早く日本人の霊性*に感嘆し、天文二十年、山口からロヨラに手紙をやりまして、元来、日本には無数の神学者がおって、深く学に通じ、絶対の真

＊霊性　精神的にはかり知れないものがあること。

理のほか、断じて屈服せぬ民族であるから、将来、日本に派遣する宣教師は必ず我が教団中屈指の人材であって、徳も学も深いものでなければならぬと注意しています。また、日本人は他国人よりもよく道理に通ずる性情を持っているが、まだ地球の球体なることも運行することも知らぬありさまゆえ、その理由ならびに風雷の原理を説明したところが、彼らは熱心に耳を傾け、ことに上流の知識階級は我らを敬慕して、深く説を聞くことを喜ぶので、これによって教儀を広めることができる、といっております。

これは形式化し外道化した仏教、もはや時代に何の新しい生命も知識も鼓吹しなくなった仏教に反して、清新な刺激を与え、その神を父とする信仰、その神への絶対の帰依、神意にしたがう戒律の生活、新しい科学的知識や技術、ねんごろな社会事業などはおのずと時代に合うものがあり、たちまちの間に九州から京都の間に盛んに流行いたしました。九州の大友宗麟《そうりん》、大村純忠《すみただ》、有馬晴信、義真《よしざね》のごとき、京都の三好康長、清原頼賢《よりかた》、高山右近父子、黒田孝高《よしたか》、小西行長などは信者の有名な人々であります。信長などは当時、*猖獗《しょうけつ》を極めた仏教徒を弾劾《だんがい》するために大いにこれを利用して、教会の建設布教を許し、居城の安土《あづち》に*学林を興して日本の青年子弟の入学を認め、少なからぬ費用の補助などもしております。

日本化できなかったキリスト教の弱み

しかし、この教えはちょうど親鸞教徒が阿弥陀仏に絶対帰依するあまり、神々の信仰を不必要とし、国体と合わぬものを生じましたように、いや、それ以上にユダヤの民族神エホバ、メシア、キリストを信仰し、国家的感情を超越というより卑しんで、世界主義に走る性質は早晩、日本の国民的信仰と矛盾し、背馳《はいち》するものでありました。そこへ、たとえば長崎でのように、

＊猖獗　たけくあらあらしいこと。悪い者の勢いの盛んなこと。

＊学林　学問所。学校・塾などの名称。

教えの広まるにつれて宣教師の勢力が強大になり、政治的権力をすら振るうて、植民地を建設するものができてまいりましたから、果たして秀吉の時代になりますと、これを黙視でなくなりまして、迫害が始まりました。

爾来《じらい》、禁令厳科しきりに行われ、ついには島原の乱を惹起《じゃっき》し、鎖国政策が断行されるにいたったのであります。明治維新の後、憲法が制定されて、信教の自由が宣言されるようになりましたが、キリスト教はなかなか日本化することができませんでした。明治二十四年（一八九一）、内村鑑三*は御真影の礼拝を拒んで一世の物議をかもしましたが、このことは昨今（昭和十一年当時）もなおまったく解決してはおりません。

日露戦争に際しては、木下尚江、安部磯雄、内村鑑三らキリスト教徒は幸徳秋水、堺枯川らの唯物主義社会主義者と呼応して非戦論を高唱いたしました。これに対して世論沸騰いたしましたが、ここに自国が他国と開戦した場合、戦争の罪悪を力説

＊内村鑑三　明治・大正期の宗教家。札幌農学校でクラーク博士の影響からキリスト教の洗礼を受ける。渡米して神学を学んだ後、帰国して第一高等中学校の教師となるが、不敬事件で辞任。「万朝報」の記者となり、日露戦争前には非戦論を唱えた。著書に『予は如何にして基督教徒となりし乎』『代表的日本人』など。（一八六一〜一九三〇）

し、国家主義よりも世界同胞主義を重しとして、自国を否認し、ともすれば、敵国を助けかねぬ傾向が、やはり今日なお牢乎《ろうこ》として潜在しております。もちろんその間、天之御中主神《あめのみなかぬしのかみ》をエホバの神と同視し、本居宣長《のりなが》、平田篤胤《あつたね》、*黒住宗忠らを唯一神教の使徒として、キリスト教をその継承者たらしめようとする*海老名弾正の神道的キリスト教や、*松村介石の儒・道習合的キリスト教、*戸川安宅《あんたく》の禅的キリスト教などの運動が絶えず行われてきておりますけれども、東西両人種の思想感情や生活一般の著しい懸隔《けんかく》からきたる油水的不和は未だにはなはだしくキリスト教の日本化を阻《はば》んでおります。この難を解いて、真に護国の大道とせぬかぎりキリスト教は発展できないでありましょう。そはとにかくとしてキリスト教の伝来は堕落した日本宗教界に容易ならぬ衝動と教訓を与え、日本精神を少からず触発したことは確信せねばなりません。

＊黒住宗忠
江戸後期の神道家。備前国御野郡の今村宮の禰宜（ねぎ）で、黒住教教祖。天照大神を祀り、陽気修行を説いた。（一七八〇〜一八五〇）

＊海老名弾正
明治・大正期のキリスト教思想家。教会牧師としてキリスト教の布教に努め、のち同志社大学総長。儒教や古神道と折衷したキリスト教の日本化を主張。著書に『基督教の本義』など。（一八五六〜一九三七）

第十章　神道の変遷と国学の勃興

復古神道の勃興と国学の隆盛

世は徳川氏の一統になりまして、修身齊家《しゅうしんせいか》、治国平天下《ちこくへいてんか》の儒教は社会が安定を望み、精神の満足を求めるに応じて、最も適切な教育学問として勃興いたしました。そして、宋学以来の思索、反省と大義名分の考えは、儒者をしておのずから中国儒教より深く日本の道に思いを廻らせたのであります。たとえば、林羅山は『本朝神社考《ほんちょうじんじゃこう》』を著して、

「日本は神国である。神武天皇天津神の後を嗣いで国をしろしめして以来、王道次第に弘まって来たが、仏教の伝来とと

＊松村介石
明治～昭和初期のキリスト教指導者。儒教を学んだのち横浜のバラー英語塾で聖書を学び、キリスト教に入信。儒教と統合した折衷的なキリスト教を説く。著書に『修養録』など。（一八五九～一九三九）

＊戸川安宅
備中早島戸川家最後の領主。慶応元年（一八六五）二月病身の兄安道の名代として上京、勤王の意を表して家督相続を命じられた。（一八五五～一九二四）

もに僧侶は本地垂迹説の如き牽強附会《けんきょうふかい》の説を唱えて、仏教弘通《ぐつう》のために姦策《かんさく》を弄し、識者之を察せずして、吉田（卜部）神道など実は仏説を仮って神道を説いている。もし世人我が国の神を崇めて、仏を排するならば、上古の淳朴《じゅんぼく》に復して、風俗本来の清浄を発揮することができるであろう」と痛論しております。これをさらに力説したのは尾州藩主・徳川義直（尾張敬公と称される人）で、『神祇寶典《じんぎほうてん》』を著して、神道の権威を明らかにし、儒教、聖賢の道も畢竟《ひっきょう》これに加えるものではないと論じております。

清高純深な人格と、倦《う》むことを知らぬ求道に生活を送った熊沢蕃山も、その『集義和書《しゅうぎわしょ》』『集義外書《がいしょ》』『三輪物語』『宇佐問答』『神道大義』などを著して、上古の淳朴簡浄の風を理想とし、後世の煩瑣な偽巧《ぎこう》を退けて、「唐土の聖人日本に来たるならば、我が神道を崇めて、古風の復興に力を尽くすであろう。釈迦とても日本に渡れば、また神道に順うであろう」といって、仏教を

＊牽強附会
都合のよいように無理に理屈をこじつけること。

＊徳川義直
尾張徳川家の祖。家康の第九子。儒学・神道を好み、大坂の陣に従う。敬公として知られる。（一六〇〇〜五〇）

＊熊沢蕃山
江戸前期の儒学者。中江藤樹に陽明学を学び、岡山藩主・池田光政に仕え番頭となる。『大学或問』が幕府の嫌疑にふれ、古河城中に幽閉されて没。（一六一九〜九一）

神道王法の上に置く神道習合の思想をいたく排斥しております。ただ、天照大神を呉の太伯が渡来したものとし、御食津神《みけつかみ》、豊受大神《とようけおおかみ》をその祖后・禝《しょく》とする『三輪物語』の説などはやはり、一種の本地垂迹説で蕃山らしくもない考えでありますから、学者はこの書を偽作と疑うのですが、当時の思想としてあるいは彼にもこのような事はないとも申されません。

大義名分、出処進退を正論する程朱の学を究めて、烈々たる日本主義を執り、伊勢に赴いて伊勢神道を学び、京に返って吉川神道を受けた山崎闇斎《あんさい》＊は、垂加神道＊の一派を提唱いたしました。垂加はスイカと音読されていますが、正しくは「しでます」と読みます。「しで」は「四手」「垂で」の意味で、玉串・注連《しめ》などに垂れかけるもの。「ます」は「坐す」「益す」こと。最初に申しました神籬《ひもろぎ》信仰を語る言葉であります。文字そのものは『神道五部書』の「神垂は祈禱を以て先と為《な》し、冥加《みょうが》は正直を以て本と為す」という根本思想より取ったものでありまして、

＊山崎闇斎
江戸前期の儒学者。初め僧となったが、谷時中に朱子学を学び、京都で塾を開き、門弟数千人に達した。のちに吉川惟足のもと神道を修め、垂加神道を興した。著書に『垂加文集』など。（一六一八～八二）

＊垂加神道
伊勢神道・唯一（吉田）神道の流れを汲む神道の一派。山崎闇斎が創始。尊王思想の形成発展に貢献した。山崎神道ともいう。

彼みずからその『垂加草《すいかそう》』に、「神垂祈禱・冥加正直、我れ願わくば之を守り、終身惑ふ勿《な》からん」と述べております。この主張は要するに国家的精神をもって朱子学を用い、当時の伊勢、吉川あたりの神道をまとめたものでありますが、思想教理よりも、その炎々たる気概が門流に偉大な感化を与え、浅見絅斎《けいさい》、竹内式部、山縣大貳《だいに》を始め、正親町公通《おおぎまちきみみち》、谷秦山、玉木正英ら幾多の烈士を打ち出し、水戸学*の勃興を促すにいたったのであります。

『聖教要録』を著して、後世、空論の学を排し、直に周公孔子の道を実践すべきを説きました山鹿素行《そこう》もまたおのずから日本精神に帰して、『中朝事実』を著し、中華崇拝をたしなめて、我が国体を明らかにしました。

　室町以来こういう儒教の発展純化にともなって、本来の神道も色めいてまいりました。かの吉田神道はその後もっぱら神職界に俗権を振るうばかりでありましたが、徳川四代、五代の頃、

＊水戸学　江戸時代、水戸藩で興隆した学派。国学・史学・神学を基幹とした国家意識を特色とし、藩主・徳川光圀の『大日本史』編纂に由来するが、特色ある学風を形成したのは寛政（一七八九～一八〇一）年間以降のこと。尊王攘夷運動に大きな影響を与えた。

*吉川惟足《これたる》は吉田神道を出でて吉川神道なる一派を開き、吉田神道の仏教の影響を宋学に変じ、さすがに皇国精神を明らかにして、神道にやや思索的道徳的発展を遂げました。

同じ頃、伊勢外宮の祠官に出口（本名・渡会《わたらい》）延佳《のぶよし》という、神ながらなる性格の人傑が出て、大いに伊勢神道を振興いたしました。伊勢神道といえば、終始、北畠親房を助け、楠木正行《まさつら》と呼応し、慷慨義烈で吉野朝勤王史に忘れ難い哲人・*渡会家行《いえゆき》を想起されます。家行はこの派の神道を大成した人でありました。この派は実は*内宮に対する*外宮《げぐう》の権威を確立するために外《げ》宮《ぐう》の神官たちによってことさらに述作された嫌いがあるけれども、その『寶基本紀《ほうきほんき》』『御鎮座傳記』『御鎮座次第記』『御鎮座本紀』『倭姫命世紀《やまとひめのみことせいき》』の、いわゆる神道五部書は我が神道界に始めて教理を与えたものであり、儒教、道教、仏教などを加味して、まだ厖雑《ぼうざつ》の嫌いをまぬがれないが、さすがに神国の自覚耿々《こうこう》として一貫し、煩わしい偽巧を退けて、上古の簡浄を尊

＊吉川惟足
江戸初期の神道家。吉田神道に朱子学の思想を取り入れ、吉川神道を提唱。神の神性が人間の心に内在するという神人合一説を唱える。（一六一九～九四）

＊渡会家行
南北朝時代の伊勢神宮の禰宜で、伊勢神道の大成者。渡会神道は伊勢神道の別称。（一二五六？～一三五一？）

＊内宮、外宮
内宮は天照大御神を祀る伊勢皇大神宮。外宮は豊受大御神を祀る豊受大神宮。豊受大御神は農業をはじめ

び、正直を旨とする神道の根本精神は明示され、後世の神道皆この流れを掬《く》まぬはありません。

　出口延佳*は直接の師伝を明らかにしませんが、もっぱら外宮の宮崎文庫*に所蔵の万巻の書を耽読し思索し、儒教に造詣して、特に易理《えきり》に通じ、易の所説が我が神道に合致することの多いのに深く動かされたのでありましょう。『陽復記《ようふくき》』などを著して、従来の伊勢神道に含《ふく》まっている仏教や道教的なものを脱し、もっぱら易を中心に儒教をもって神道を講明いたしました。しかし彼は決して儒を主とし、神を従とするのではなく、あくまでも神道を明らかにするに儒を借りたのでありまして、かくすることが、忠厚の道であり、また、儒教の本旨でもあると確信していました。彼の信仰と所説とは大いに当時を動かしまして、山崎闇斎なども、彼の門を叩いてその教えを受けた一人であります。

　こういう機運に動かされて、神社行政の名家・白川家の神道、

諸産業をつかさどる神。

＊出口延佳
外宮祠官・神道家。一六四八年に学問復興のため、有志を募り、豊宮崎高神山の東麓を整地して、書庫・講堂を設立し、図書を蒐集して宮崎文庫を創設。（一六一五〜九〇）

＊宮崎文庫
伊勢市の外宮神域外側の豊宮崎の地にあった文庫。一六四八（慶安一）年、渡会（出口）延佳らが外宮祠官の修学のために醵金によって設立。明治末年神宮文庫に合併。豊宮崎文庫ともいう。

天文暦術卜筮《てんもんれきじゅつぼくぜい》を司る陰陽道から出た安部あるいは土御門神道なども現れ、仏教的神道も存続してまいりましたが、取り立てていう要《よう》もありません。

この形勢は次第に国民的自覚を強め、思想信仰の複雑多岐は必然に本来の純全な統一を要求しまして、ここに外来の思想信仰に攪乱されない民族生粋固有の信仰や生活を反省しようとする復古神道が勃興するようになりました。いったい、末世《まっせ》の煩瑣な風習から本来の簡純な道に復そうとする傾向は、元禄前後から神・儒同様に起こっている現象でありまして、儒教の方では、

一　山鹿素行のように、直に空理空論を排して古道の実践を旨とするもの

二　伊藤仁斎*のように、まず古典の正しい解釈を通じて古道の体認を深めようとするもの

三　荻生徂徠*のように、情操を動かす文芸の方から古道の

＊伊藤仁斎　江戸前期の儒学者。朱子学を修め、のち古学を京都堀川の塾（古義堂）にて教授。門弟三千人。著書に『論語古義』『孟子古義』『童子問』など。（一六二七～一七〇五）

＊荻生徂徠　江戸中期の儒学者。物徂徠ともいう。初め朱子学を学び、のち古文辞学を唱道。門下から太宰春台、服部南郭らを出した。著書に『蘐園随筆』『弁道』『弁名』『政談』など。（一六六六～一七二八）

面目を発揮しようとするもの

これらの三つの現象が相次いで起こってまいりました。

この区別はもちろん一通りのことで、厳格には三者それぞれ相通ずるものがありますが、とにかくこの三様の経路は神道和学の方にもうかがい知られるものであります。まず人情にいちばん近い和歌の道は、醍醐天皇延喜年間（九〇一～九二三）にできました勅撰の『古今集』以来、歴代勅撰集、すなわち宮廷文学の研究や秘伝（換言すれば特権化）に偏して、それ以前の国民的文学の宝庫であり、上代日本の姿をありのままに写す『万葉集』の研究紹介などはほとんどできておりませんでした。これに着手したのが江戸の*戸田茂睡《もすい》と大坂の*下河辺長流《ながる》および僧・*契沖《けいちゅう》、次に京都の*荷田春満《あずままろ》であります。春満の弟子に*賀茂真淵がありました。徂徠派の服部南郭《なんかく》らと親しくして、漢詩文にも素養浅からず、同じ太宰春台《だざいしゅんだい》門下で、老子を好んだ渡辺蒙庵《もうあん》に就いて老子を愛し、春満の晩年その円熟した古典学か

＊戸田茂睡
江戸初期の歌人。歌学の革新を唱え、近世歌学の先駆けとなった。（一六二九～一七〇六）

＊下河辺長流
江戸前期の国学者。若いころから歌道に通じ、京都の木下長嘯子に師事。契沖とも親交を持ち、国学復古の先駆者となる。（一六二七？～八六）

＊契沖
江戸時代中期の僧・古典学者・歌人。四〇歳ごろから古典研究を始める。精密な文献学的手法で注目され、

ら、老子の理想を実証するような上代日本の簡素純真な面目にあこがれて、『万葉集』を研究し、彼がいわゆる「後世儒者のおもくれ、もたれたることなく、檍原《あわぎはら》に祓身滌《はらいみそぎ》せし心地《ここち》する文《ぶん》」である祝詞《のりと》に心を潜め、現世利益を求める祈禱宗教のようなものを軽蔑して、天地自然の道にしたがって誠を尽くすべきことを旨としました。その思想学問を継承して、これを大いに発展したものは、かの本居宣長*であります。

本居宣長と平田篤胤の影響力

宣長は八代将軍の享保末期、伊勢松阪の商家に生れ、同地に広まっている浄土宗の篤信の家庭に育って、二十三歳で京都に上り、堀景山《けいざん》に就いて漢学と医学とを修めました。この景山は藤原惺窩の高弟・堀杏庵《きょうあん》の孫に当たる朱子学者でありますが、朱子学者には珍しく、自由な、一種の識見を持った人物で『不《ふ》

近世国学の基礎を築いた。著書に『万葉代匠記』など。（一六四〇～一七〇一）

＊荷田春満　江戸時代中期の国学者。京都・伏見稲荷神社の神官の家に生まれる。幼少より歌学を修め、長じて復古神道を説く。著書に『万葉集僻案抄』など。（一六六九～一七三六）

＊賀茂真淵　江戸時代中期の国学者。『万葉集』の研究で知られ、著書に『万葉考』『冠辞考』など。本居宣長は門人。（一六九七～一七六九）

盡言《じんげん》』という著書もあります。古典を篤く信奉して、古字古語の正しい解釈による本来の古意《こい》の*闡明《せんめい》を重んじ、形式道徳に捕らわれず、人情、自然を愛して、文芸をよく理解し、天照大神即太伯説などをば認めているような点もありますが、万世一系の皇統を中華にも例なきことと自覚し、尊皇の精神に豊かでありました。

宣長は余程この感化を受けたと思われます。その後、真淵の学問、人物に接するにおよんで、深くこれに傾倒いたしました。そして『万葉集』を中心に古語古書の研究を深め、『古事記』を主として神典をうかがい、古神道を闡明《せんめい》して、極力、後世の雑駁な外国習合思想より脱却すべきことを提唱し、純真素朴な民族本来の精神に立って、神を敬い、祖を崇め国体の本義を発揮せんことを力説したのであります。

その門人・*平田篤胤《あつたね》にいたっては、さらに狂熱と思われるまでに、師説を祖述し、天之御中主神を信仰し、霊魂の世界を説

＊本居宣長　江戸中期の国学者。伊勢国に生まれる。『源氏物語』などの古典研究の後、『古事記』研究に入り、四八巻に及ぶ注釈書『古事記伝』を完成させた。（一七三〇～一八〇一）

＊闡明　はっきりしていなかった道理や意義を明らかにすること。

＊平田篤胤　江戸後期の国学者。国学の四大人の一人。本居宣長没後の門人として古道の学に志し、復古神道を体系化。

いて、もともと多神教的、現世的な神道に、一神教的、未来教的性質を深め、皇室祭祀を中心に、祖先崇拝の国風を統一して、神道を国家的祖神教に大成し、まったく従来の本地垂迹思想を覆して、日本の神――天皇――国家を世界の大宗とする信念を確立いたしました。こういうふうに宣長も篤胤も、熱烈な皇国精神を宣揚いたしましたが、その自然を尊重する思想も大きな理由で、現実の幕政に対してはまだ痛烈な改革運動はもちろん、意見も主張いたしませんでした。しかし間もなく、幕末勤王論より倒幕運動となり、明治維新の行われるに臨んで、この宣長、篤胤の影響は偉大なものと申さねばなりません。

ただ遺憾なことは、徳川以来、儒学、和学（国学）ともども起こって排斥を続けました仏教は、僧侶の堕落と相俟って、明治初年の廃仏毀釈《きしゃく》*の流行となり、儒教もこの影響を受け、神・儒の争いはついに両者の醜態の暴露となり、泰西《たいせい》*文化の新しい舶来に応じて、儒者も国学者も神道家もふたたび潑剌《はつらつ》たる

地方の神職・村役人に多くの信奉者を得、草莽の国学として尊皇運動に影響大。著書に『古史徴』『古道大意』など。（一七七六～一八四三）

***廃仏毀釈**
明治維新直後、新政府によって出された神仏分離令によって全国各地で行われた寺塔・仏像などの破壊行為のこと。

***泰西文化**
西洋文化。泰西は「西の果て」という意味。

活動をせねばならぬのに、反対に頑冥な精神的鎖国・攘夷に走って、新時代より置き去られてしまったのです。

そして、明治時代は日本民族の不可思議な性能（山鹿素行のいわゆる天縦の神聖）を発揮いたしまして、西洋民族の数世紀にわたる科学的文化の翻訳模倣を世界の奇跡といわれるほどよく成し遂げました。それも大正の時代になるにつれて、さらに研究批判を進め、ちょうど欧州大戦に際会して、彼ら民族の表裏内外を徹見し、昭和の時代とともにここにまた神道の大なる反省、新興の機運が熟してきているのであります。それにしたがって、儒教も仏教も更新し、キリスト教も始めて本格の日本化に進まねばならぬ運命と信ずるのであります。

Ⅱ　日本精神の真髄

第十一章　東西文化の本質的対照（上）

万物は陰陽相待的原理から成立活動する

明治から昭和初期にかけては、すでに一言したように、西洋文化の舶来から東洋文化の勃興、日本精神自覚の過程をたどるものであるますが、その足どりのあまり速やかで、しかも光景の大きすぎる故でしょうか、一般に東西両民族の本領*の相違、日本精神の真面目《しんめんぼく》というような問題につきましては、はなはだ明確でないように思われるのであります。

かかる例は枚挙にいとまありません。今日（昭和十一年当時）はまたいわゆる左右両派よりして深刻に現代社会の変革という

＊本領　他人に真似のできないような、その人独特の性質や才能。

ことが論議されておりますにもかかわらず、左とは何、右とは何、現代日本をいかに革新してゆくのかについても案外、不徹底、雑駁を極めており、いずれも暗中模索の感があります。そして、前述の問題についても、あるいは西洋文化といえば極端に排斥すべきものの如く、あるいは東洋文化というものを無闇に礼讃するような、そんな偏見がありまして困ることすら少なくありません。それでこれらの点について、できるだけ両方を対比しつつ公平にこれが西洋文化の根本的な特徴ではないか、それに対して東洋文化がこういう建前になっているのではないか、したがって今後の世界文明というものは大体どういう趨向《すうこう》を辿って行くべきかというようなことから論じてまいります。

そもそもこの宇宙、人生は一者《いっしゃ》（絶対者）の限りなき分化発展にほかなりません。たとえば、親から家族ができ、直接経験から複雑な認識を開くことなど考えてもそれは分かります。そして、それは明らかに相待*（相対）的原理ともいうべきものに

＊相待（相対）的原理　他との関係・比較の上で成り立っているという根本原理。

よって成立活動しております。その相待（相対）的原理、すなわち宇宙、人生の成立活動するゆえんのものはどういうものであるかと申しますと、一つは無限に自分を分化し、形を執《と》って自己を現じて行こうとする、いわば造化*の代表的形式の働きであります。我々の細胞の分裂ということから考えてまいりますと、一つの細胞が二つになり、四つになり、八つになり、八つが十六になるというふうに自己を分化*し、そうしてこういう肉体を形成してまいります。この働きが好個の一例であります。

　この働きを昔から聞きならわした考え方で申しますと、「陽*の原理」ということができます。しかし、この働きだけでは要するに四分五裂になってしまうのでありまして、実はかくのごとき体をなすことはできないのであります。したがって、造化にちゃんと陽の働き、すなわち分化発現の働きがありますと、必ずこれに即してその分化をそのままに統一し、形を執って自己を現ずるに対して、形なきに自ら含蓄しようとする、いわば

＊造化
天地とその間に存在する万物を造りだし、育てること。

＊分化
単純なもの・等質なものが、複雑なもの・異質なものに分れてゆくこと。

＊陽の原理
易学の二元論で、陰に対するもの。天・男・日・昼・動・明・奇数など、積極的・能動的であるとされるもの。

統一含蓄、あるいは＊潜蔵《せんぞう》ともいうべき働きがあります。これが我々の肉体に対して申しますと、生命という神秘な無形の働きになって、これが相待ち、相応じてここに我々の肉体的活動、すなわち生理が存するのであります。この働きを先の陽の原理に対して申しますと「陰の原理」であります。実在は陰陽相対（待）的原理によって成立活動しているのであります。

実在がかくのごとく分化発現を本領とする陽の原理と、これに即する統一含蓄を本領とする陰の原理、この陰陽相待的原理からできているということだけ申しますと、何だか話が抽象的で実際に即しませぬが、これを我々の会得の便宜のために多くの実例を上げれば明瞭になります。たとえば、我々の意識に存するところの知の働きと情の働き、これを例にとって解説しましょう。

我々の「知の働き」は、すなわち陽の原理に即するものであり、「情の働き」は陰の原理に即しておりまして、その証拠に

＊**潜蔵**　内にひそみ持つこと。

我々の知の働きというものを吟味してみると、それは混沌たる一実在から内外の世界を剖《ひら》いて複雑にして行くところの働きであります。子供を観ると、ごく幼《いと》けない時は自分と他人との区別もありませんし、主観客観の対立もありません。ただ、混沌たる一実在に過ぎません。だから火をも摑み、水にも陥り、縁側から石の上に転がり落ちもしますが、そのうちに自分というものと他物との差別が明確になります。いろいろな外界《がいかい》を発見して行きます。さらに理知的に発達してまいりますと、やがて複雑な内外に関する学問知識を生じます。すなわち理知あるによって我々は始めて内外両様の世界というものを発見し、したがってこの生活を無限に複雑に展開して行くことができるのであります。しかるに、もし理知の働きに偏しますならばこれは分化発展が本領でありますから、自然、四分五裂ということになって、結局まとまりのつかない乱雑な索漠たるものになってしまいます。

現にただ今のような、主知主義*にのみ傾いてまいりますと、人間がいたずらに外面に走り、個人主義的、利己主義的、物質的、機械的になりまして、したがってその人々によって構成される社会も、文化も非常に羅列的な雑駁なものになってしまいます。日本人は明治以来長い間、主知的生活をしてまいりましたがために、我が国の現在の学問、教育、政治、経済などことごとく雑駁皮相*を極めております。過般、オーストリアのある婦人記者が日本にまいりまして、日本の観光記事を書いておりますが、その標題に「雑駁の国、日本」Japan Das Land Nebeneinanders とかいてあります。「雑然たる羅列の国・日本」であります。これは実にもって現代日本の正鵠《せいこく》*を射た観察であると苦笑を禁じえないのでありますが、知に傾くの結果、当然そうなるべき性質のものであります。試みに中学の学課を考えてみますと、修身国語、漢文、地理、歴史、算術、代数、幾何、三角、物理、化学、図工、博物云々（昭和十一年当時）

＊主知主義
知性・理性など、理知的なものを根本とする思想手立場。対する言葉として「主意主義・主情主義」がある。

＊皮相
物事の表面。うわべ。うわっつら。うわべだけにとらわれて判断すること

＊正鵠を射る
物事の急所・要点を正しくおさえる。

と大層なものであります。しかもそれが漫然羅列していっこうに統一生命がないのです。

この知に対して情というもの、その代表的な愛というものを考えてみましょう。これはかく分《わか》たれるものを結んで生命を付与するゆえんの作用であります。親子、兄弟、夫婦、朋友、隣人というふうにだんだん陽の原理によって分たれてまいりましたものを内面的に統一して、そしてここに美しい人生という大なる創造を促すのであります。しかしまた、いわゆる情に溺れますと、愛に流れますと、個人個人の明確なる自覚努力というものを欠く。造化の根本的形式であるところの発展ということを阻害いたします。そうして、いたずらに保守*退嬰《たいえい》、締まりのないものになってくるわけであります。この知と情とが兼ね備わって、溌剌として生きること、これすなわち「智・仁・勇兼備の人」であります。

もう一つの例をとってみます。我々に功名心というものがあ

---

*退嬰　尻込みするの意。新しい物事を積極的に受け入れていくような意気込みがないこと。消極的で保守的なこと。

ります。これが陽のよい例でありまして、あるいは金を儲けようとか、あるいは位を得ようとか、いろいろな事業をしようとか、精神的な問題にしましても、教義を宣揚普及しようとか、そういう我々が世の中に発展せむとする欲望、これはまさしく陽の働きであります。そうすると必ず陰の原理たる隠逸心*、内省心というようなものがありまして、これが先の功名心を笑って、そうした金が何だ、位が何だ、権力が何だ、事業が何だ、こういうことは人間を卑しくし、世の中を乱すに過ぎないではないか。むしろ自分は自己の純潔天真を守って、美しい静かな仁の生活、神のごとく無我な愛の生活を持してゆこうという心になってゆくのであります。この陰陽相対の功名心と退蔵心というものとがうまく調和して、しかも大きく我々に抱懐《ほうかい》*されればされるほど、その人は大なる人物になってゆきます。もし功名心のみならば、人と人、国と国に競争が起こり、したがって陰謀、詐欺、排擠《はいせい》ということが起こらざるを得ません。その結

＊隠逸心　世俗の煩わしさから逃れて、人里離れた所に住みたいような心。

＊抱懐　ある考えや意見などを心の中にもつこと。

果は無秩序と破壊に陥ってくるのであります。

さりとて、余り隠逸のみに流れますと社会が少しも発展しない。古来、英雄とか偉人とかいわれる偉大なる人を見ますと、この二つの一見矛盾するがごとき二者を小人や俗人のとうてい解すべからざる程度に持っています。我々の先人で申すならば、西郷南洲*という人。表面から見ると非常な功名の士、すなわち陽性の人に見えますけれども、実はデリケートな情操を持った人でありまして、あのような革命的活動とともにその半面において深刻に隠遁的な志を抱いて悩んでおった人であります。その前の幕府の例を見れば、井伊直弼*という人がやはりそうであります。ちょっと、これも表面から窺《うかが》うといかにも残酷な鉄血政治家という趣きがありますけれども、一度深く立ち入って観察いたしますと、茶を嗜《たしな》み、和歌を詠じ、禅に参じ、道を好む、非常に優しくゆかしい内面的な人格があります。それが自然にいうにいえない一個の魅力ある風格となって、今日多くの心あ

＊西郷南洲　西郷隆盛のこと。維新の三傑の一人。島津斉彬の知遇を受け、国事に奔走。第二次長州征伐以後、倒幕運動の指導者となり、薩長同盟に尽力。江戸城を無血開城させた。維新後は参議。のち征韓論を唱えたが容れられず下野、西南戦争に敗れて城山で自刃。（一八二七〜七七）

＊井伊直弼　江戸末期の大老。近江彦根藩主。将軍継嗣問題で水戸派と対抗、一四代将軍に紀州家の慶福（家茂）をつけ、また勅許を待たず安政

る人を惹きつけているゆえんであります。普通の人間はつまり一見相矛盾するがごとき二つの魂を統一して大きく抱懐することができない。そのいずれかに軽々しく偏して、意気地のない、あるいは杜撰《ずさん》な生活をしているものであります。

才が徳に勝る「小人」、徳が才に勝る「君子」

同様に我々は才というものと徳というものと誰もよく口にする二つの作用があります。才とは何を、徳とは何をいうのか。その才と徳という二つの言葉がやはり陰陽相待的原理を現しているのであります。才とは畢竟《ひっきょう》するに我々に存するところの陽の原理、人格の陽的元素であります。これは我々人間を社会的に発揚する、すなわち分化発展せしめる上において役立つ諸種の能力、あるいは語学ができるとか、事務が執れるとか、辞令*に巧みであるとかいうような諸々の働きを指していうのであ

五ヵ国条約に調印。反対勢力を弾圧して安政の大獄を起こし、桜田門外で水戸浪士らに暗殺された。（一八一五〜六〇）

***辞令**　ことばづかい。応対。

ります。これらの働きをして本当に伸ばしてやる、すなわち才を才たらしめる所のある神秘な生成化育の働きを徳といいます。したがって、徳というものは才と違って我々にはっきりしておらぬのであります。すなわち、我々の衷《うち》に存して、外面的な感覚からいえばある漠然たる、しかしこれなくしては一切の活動が成り立たない所のあるものを徳というのであります。才なくんば我々の世の中は発展いたしません。その実、才に過ぎれば世の中は破綻であります。徳に傾けば世の中は平和であり、*敦厚《とんこう》であるけれども、これはまた、功利的にははなはだ伸びないということになってきますので、この才と徳という二つの要素は昔から深く*経世的眼光を持っておる者が、人間を論ずるについて非常に注意をしている問題であります。

先ほど述べました西郷南洲などはそういう才と徳という二つの方面から人物を観測しておったようであります。*藤田東湖もそういう考えの人です。これは元来、東洋の道徳政治の学問上

＊敦厚
誠実で情に厚いこと。

＊経世的眼光
世の中を治めるリーダーシップ。

＊藤田東湖
幕末の思想家、水戸藩士。徳川斉昭のもとにあって藩政改革にあたる一方、その熱烈な尊攘論により、勤王家を主導した。安政の大地震で圧死。著書に『正気歌』『回天詩史』など。（一八〇六～五五）

絶えず論じられておる問題でありまして、その最も名高い論拠になるものは例の司馬温公*（司馬光）の『資治通鑑《しじつがん》』という書物であります。司馬温公という人は、中国四千年の歴史上に類いまれなる哲人宰相として名高い人でありますが、この人が時の皇帝に政治の資にする各代を通ずる鑑《かがみ》として、実際に剴切*《がいせつ》なる政治哲学書として中国歴代の史実に厳正なる道徳的批判を加えて、ほとんど一代の精力、心血を傾け尽くしてこしらえた名著であります。その通鑑の始めに人物を論じて、才と徳との見地から人間の本質的分類を試みているのであります。

「才と徳という二つの人間の大切な要素、これが完全なる調和をもって大きな発達をしているものは聖人である。これは望んで容易に得られることではない。反対にこれが貧弱なのは愚人であって、これ甚だ論ずるに足らぬ。とかく人は中庸*を得ずして過不及を免れぬが、およそ才が徳に勝てるものはこれを引っ括《くく》めて小人という型に嵌《は》まる。これに反して徳が才に勝れてい

＊司馬温光
中国・北宋の儒学者・歴史家・政治家。『資治通鑑』の編者。政治家としては王安石の新法に反対して左遷されるが、哲宗が即位すると宰相として復帰し、新法を廃して旧法に戻した。（一〇一九〜八六）

＊剴切
ぴったり当てはまること。非常に適切なこと。

＊中庸
考え方・行動などが一つの立場に偏らず中正であること。過不足なく、極端に走らないこと。古来、洋の

るものはこれを引っ括めて君子という型に嵌める」

すなわち、人間を君子型と小人型との二つに分類しておるのであります。たとえいかに大きな人物であっても、どっちかといえば才が勝つものは等しく小人、たとえいかに小人物でもどっちかといえば徳が勝つものは君子、したがって小人にも君子にもピンからキリまであるわけです。一概に小人であるといって卑しむわけにはまいりません。君子であるとて大して尊ぶに足らぬものもあるわけです。司馬光は、ただ、いかに偉大であっても小人は小人、いかに小さくとも君子は君子であって、小人は偉大であればあるほど、才が徳に勝っている以上、どうもその才のために利己的、ないしは排他的になるから危険であるといって、絶対的に君子を採って、小人を排し、小人よりもむしろ才無き愚人を採った人であります。藤田東湖、西郷南洲、さかのぼっては熊沢蕃山などがこの点についていろいろ論議しています。*方正学《ほうせいがく》などは愚人大賛成者ですが、蕃山や東湖は道

東西を問わず、重要な人間の徳目の一つとされた。

＊方正学
明の学者、燕王、のちの永楽帝の挙兵に対し、太祖の孫・建文帝の師である彼は、これに抵抗、永楽帝より即位の詔を書くことを要求され拒絶、磔刑に処せられた。（一三五七〜一四〇二）

徳的にはそれも誠に結構であるが、政治というものになってくれば、甚だ趣きを異にするといっております。政治は複雑な才能を要するから一概に小人を排斥するわけにはゆかぬ。しかし、小人は飽くまでも小人であって、利己的であるから創造的職責を持たせる長者の地位、総統的地位、すべてそういう大事なところには小人は据えられぬものである。すなわち、小人は要するに使用人であって、使用者的価値はないものとしております。面白いではありませんか。この才と徳という二つの要素から人間を見ることも陰陽の原理の現れの好個の適例であります。

これよりもっと解りやすい例をとるならば男女であります。男は陽原理の明瞭な代表であり、女子は陰原理の代表でありま す。それですから、煩瑣な理論よりも何よりも直覚《ちょっかく》が、何が男らしく、何が女らしいかということを教えます。同じ人間でありますから同じ方を見てゆけば変わりはありませんが、一度そういう本分の相違という点から見てまいりますと、我々は、筋骨逞しく、頭脳が明晰でどこか覇気が旺溢《おういつ》するところがあって、才幹に富んでいるということは確かに男性的な快感を覚えるのであります。ところがどういうものであるか、スポーツ競技に優れていたり、筋骨逞しかったり、あるいは言語明晰で論理が立って、功名心に燃えて、才気煥発しているような女性を見ると、女らしいという快感を得られません。男性が感じないばかりか、女性にも快感を与えないのであります。女性はやはりそういう筋骨という外面的のものよりも精神的、内面的なものを持つべきであり、頭脳よりも情愛、功名心よりも隠逸心《いんいつしん》、才能よりも徳操《とくそう》*というものが表面になっておって、始めて女性的な快感を覚えるのです。これらが陰陽の最も著しい表現でありましょう。天之御中主神《あめのみなかぬしのかみ》、高皇産霊神《たかむすびのかみ》、神皇産霊神《かみむすびのかみ》以下建国の神話も実によくこの理法を語るものであります。

＊徳操　常に道徳を守る堅い節操。堅固で変わらないみさお。

第十二章　東西文化の本質的対照（下）

統一含蓄的な東洋、分化発展的な西洋

それが、東洋文化と西洋文化との上においてまた格好の対照をなしております。西洋文化はこれまでの諸例から見ればもはや明らかに、きわめて陽的文化であります。これに対して東洋文化は非常に陰原理を本分とする文化ということができます。

そこで西洋文化は明らかに外向性を帯びております。すなわち物質的であります。理知的で、才能本位で、功利的であります。どちらかといえば、男性的であります。難しい言葉で申しますと〝乾徳文明《けんとくぶんめい》〟＊であります。

＊乾徳　常に前進しようとする精神。

これに対照いたしますと、東洋文化ははるかに内面的精神的なる特徴を持ち、理知的よりは情意的であります。功利的よりも趣味的であり、才能的よりは徳操的であります。男性的よりは女性的です。これを乾徳文明に対していえば〝坤徳文明《こんとくぶんめい》〟*であります。これは東洋文化の諸相を西洋文化の諸相と対比して見てまいりますと明瞭であります。つまり、西洋の文化は一つのものが無限に自分を分化し、形を採って自分を発現してゆこうとする働きであります。

東洋文化は複雑な差別を統一し、なるべく含蓄しようという傾向を持っております。これだけは否《いな》むに否めない特徴です。試みに我々の衣食住から考えましてもそれが明瞭に我々に意識されます。まず、我々の衣服であります。我々の衣服では洋服が外に出て活動するのに確かに便宜にできております。けれども洋服は非常に個別的なものであり、融通性、統一性を欠いており、落ちつかぬものです。静かな生活、くつろいだ生活をす

＊坤徳　大地が万物を生育する力。

るには誠に相応しくない。これに比べますと、我々の着ている和服は、静かな落ちついた生活をするには誠に相応しくできておりまして、融通性があり、統一性があります。だから静かにおる時は和服が最も便利であります。ことに、最も審美的要素に富んでいるところの婦人の服装を見ますと、東洋人、とりわけ日本人の服装は複雑な要素がよく統一され、いろいろな要素がよく含蓄されております。元来、被服であるところへ花鳥風月*を優にゆかしく取り入れ、それに詩を加え、書を加え、あらゆる精神的、芸術的要求を統一して、それを着ているというようなことは、単調に倦《う》んでいるところの西洋婦人の非常に憧れる点であります。けれども一面において日本婦人の服装くらい手数なものはないということもできます。

食物でもそうであります。西洋の食物は我々が活動をするのに、すなわち功利的あるいは合理的にできています。何カロリーの熱量、蛋白質、含水炭素、脂肪云々の栄養素、そういうも

＊花鳥風月　自然の美しい風景。

のをこれだけ、摂取すれば良いというふうにできております。しかし、これは飽くまでも食物であります。しかるに中国料理や日本料理を見てまいりますと、食物が単に食物ではない。栄養素や熱量を摂るのみが目的でない。中国料理をご覧になると判りましょうが、いろいろ我々の純粋味覚の満足あるいは精力の蓄積などいわゆるエロ*やらグロ*やらの要求をも統一して、そうして未だ純化されないところの食物なのです。

その複雑な要求がさらによく純化され、統一向上されておるという点において、日本料理のごとく世界において深遠なるものはないと思います。日本の食物は人間の肉体の栄養、熱量を摂取するのみならず、また味覚を満足せしめるのみならず、あるいは我々の精力を養い、病を治すものたるのみならず、食膳に大自然を再現する芸術なのであります。箸を一つ取りましても、箸によって木を味わい、木の持つ「朴*」の哲学、人間の永遠性の原理を楽しむのであります。茶碗に土を味わい、お匙

***エロ・グロ**　エロチックとグロテスクの略。扇情的で怪奇なこと。

***朴**　うわべを飾らない。素直。

に*散蓮華《ちりれんげ》を偲ぶ。したがって食うことも単なる食にあらず、人格生活の一部分になっているのです。

茶を一つ飲むにいたしましても、茶は決して渇を癒《いや》すというような単なる生理的満足でなく、茶というものによって我々が精神生活を行う人格的に深い要求を満たすということがあの中に含まっております。したがって茶道というようなものになってまいりますと、実に幽玄なもので、その至れるにおよんでは例えば井伊家に先ほど挙げました直弼の好んで行いました一期《いちご》一会《いちえ》の心得があります。一期一会とはすなわち一生涯に一度会うことで、*風炉《ふろ》の前に主客が端座する時、その時今生《こんじょう》においてこれ限りかも知れぬ、人命というものは朝露のごときものである、朝あって夕を図ることができぬ、ここで会えば復た会うことは人間として期することができぬ、今生にこれを限りと思う気持になる。そこで汲むと人間はふざけた心、雑念というものが悉《ことごと》く脱落して真心が現れる。その真心をいうのがあの一期

＊散蓮華　散った蓮の花に似ているところから陶磁器製の匙をいう。

＊風炉　茶の湯で釜を掛けて湯を沸かす炉。

一会の有名な精神であります。こうなりますと、茶を飲むということは物質的問題にあらずして、深遠なる悟道《ごどう》の問題であります。

このようなことは限りありません。住宅もそうです。西洋の住宅は大自然の中より、いかにして人間の世界を分派し出さんか、自然という混沌たる中から人間の天地をはっきり派生するようにできております。ところが東洋ことに日本の住宅はこれと反対で、人間の住まいをいかにして自然に統一すべきかということを旨としております。これは東西の建築を見てまいりますと明瞭であります。こちらの方は、「ひきよせて結べば柴の庵にて、解くれば元の野原《のはら》なりけり」で、あるいは「解かねど元の野原」であります。最も人間の深い霊的要求による宗教的建築を見てまいりましても、ヨーロッパの教会建築、インド・中国の仏教建築と、それらから日本の神社建築を見る時、やはり、民族性の本領の相違を明らかに看取することができます。

向こうはいかにして寺院の建築を人巧的に荘厳ならしめんかということに苦心を極めておりますが、それがだんだん東洋的ことに日本の神社建築になりますと、いかにして人間の一切の粉飾を去って、大自然に*冥合《めいごう》せんかというふうに苦心しております。神社建築は木と石と明りです。その他何にもない。その極まるにおよんでは山そのもの、森そのものを神体とし、神社として拝み入るようにできております。これ実に*荘子にいう「已《すで》に彫《ちょう》し已に*琢《たく》して復《ま》た朴に還る」ものであります。

　大体こういうふうに東西の生活様式が違っております。日常の起居動作を見ましても、西洋人は分析的に、外面的に行動します。東洋人は統一的、含蓄的に動作します。前述のごとく西洋人の住宅は大自然の中から人間の住居を分離いたしたものでありますから、この西洋住宅に生活しますと戸外運動というものが必要になってまいります。日本の住宅は今申しましたように、大自然と融合合致せしめることを念としておるがゆえに、

＊冥合　知らず知らずのうちに、一つに合すること。

＊荘子　中国、戦国時代の宋の思想家。儒家の思想に反対し、独自の形而上学的世界を開いた。その思想は老子と合わせて老荘思想と称され、後世まで大きな影響を与えた。

＊琢　打って玉を磨くこと。

強いて戸外運動の必要を西洋人ほど認めないのであります。婦人の生活を見てまいりましても、日本婦人は躾《しつけ》の通り、作法の通りに生活しますならば、例えば食事をするにも、来客に応接するにも、それが同時に運動になっているのであります。茶を持ってそうして客室に入る時にはまず座って、全身運動で襖を開けなければならぬ、そして立ち上がって入って、また座って襖を閉め、また立ってそれからまた座って茶を出す、あるいは配膳をする。挨拶を一つするにも手を出して握手のような局部運動をすればよいというわけには行かぬ。必ず両手を突いて全身運動をなしてお辞儀をしなければならぬ。それで作法どおり一旦お客に接しまするると相当の運動であります。

それから日本人の座法というものが非常に衛生的なもの、躾通りに座りますならば、ことに婦人として身嗜み正しく座りますならば、これはそれだけで立派な一つの健康法であります。帯というようなものが、婦人に大事な腹部の温かさを保って、鳩尾《みぞおち》のところから折れ屈《かが》まないように、姿勢を崩さないようにできているものだそうであります。だからなるべく正しく帯を締めて生活しておれば、それだけで実は婦人として運動は要らぬ。それを撤廃しますと、どうしても外に出て、飛んだり跳ねたりしなければならぬようになる。裁縫をするのと座禅をするのと一緒にやる、運動と掃除と一つであるというふうに我々の起居動作は統一的で、裁縫は裁縫、応接は応接、運動は運動というふうに分かつ西洋人の特徴と明瞭に違っております。衣食住、起居動作のいずれを見ても東洋は統一、含蓄的であり、西洋は非常に分化発展的であります。

「石」を愛する東洋的芸術の境地

絵画などをご覧になりましても、西洋の絵画は多く自然より人間を描いております。ルネッサンスの巨匠の作品をご覧になりましてもやはり人間を描いております。自然は単にその背景に止まっております。また、絵の習作をいたしましても、普通まず裸体画から始めます。あれが本当に描けるようになってまいりますと堂に入ったものになります。ところが、東洋の絵画、ことに文人画などを見ますと、人間を通じて自然を描いておる、自然というものの中に貴い個性を発見するというふうになっております。それで、詩、書、画というものが文人画*において統一され、詩は詩、絵は絵、書は書というように分離しない。絵の稽古を始めるにもまず石から描き始めます。石が本当に描けるとこれは至れる者であります。骨董でもそうであります。

これは私の独断かも知れませんが、結局、書画を「いじる」ことは、石を「いじる」ということになりはせぬか、石を愛するということが我々の至れる境地と思うのであります。詩などを見てまいりましても、絵を見てまいりましても、結局、石を愛するというようなところが詩の極致であり、絵の極致である

＊**文人画**　専門の画家ではなく、文化人や知識人の手による雅趣に富んだ画。南画の別称。

のではないでしょうか。有名な清《しん》初の*鄭板橋《ていばんきょう》は蘭や竹は描いて与えておりますが、石は滅多に描かず、描いても人に与えておりません。彼の集を見ましても、我に石の友達が三人ある、これらの人間でなければわが石の絵は判らぬといって、石の絵を大事にしている。いつぞやの展覧会に、珍しく*林良《りんりょう》の絵を見ましたが、あの人は花鳥で名高いがやはり石が好いと思います。石というものは生命の最も原始的形態、したがって造化の永遠の相を最もよく象徴するものであります。それからだんだん植物になり、動物になり、人間になるほど、造化というものから派生してきております。したがって最も深く造化に徹せんとすれば、結局、人間よりも竹石《ちくせき》というようなものに趣味がおよぶのでありましょう。これらの点は東洋の最も深い哲学および芸術の問題でありますが、私は東洋研究の一つのヒントとして論及しておきます。

それから、我々の使っている文字であります。文字を見ます

＊鄭板橋
中国、清の人。詩・書・画に特異な風あり。特に画名は高かった。（一六九三～一七六五）

＊林良
中国、明中期の画家。花鳥風月を最も特異とした。（一四一六～八〇？）

るに、西洋の文字も東洋の文字もその源にさかのぼって考えてみると、同じ要求から発しております。すなわち、子供が自由画を描きますように、原始人が自然にこれを生み出してきたものであります。ところが西洋の文字はその後だんだん単に我々の思想伝達の＊符牒《ふちょう》とし、単なる記号としてのみ発達していったのであります。

しかし、東洋の文字、ことに我々が使っております漢字というようなものは、我々の絵画的趣味、我々の心境表現の要求(悟道的要求)、こういうものが複雑に作用し、統一含蓄されて、ここにああいう文字ができたのであります。漢字の中でも最もそういう性質の複雑なものである＊会意《かいい》文字というものを見てまいりますと実に面白い。西洋人が概念的、理論的に展開するものを一文字中に含蓄＊黙示しているのがそれです。例えば人が自ずからにして言語を発することほど、やむにやまれぬものはない。我々の生命が延びてくる時に自然と言語を発してくる。だ

＊符牒 意味を持たせる文字や図形。

＊会意文字 二字以上の漢字の字形・意味を合わせて作られた漢字。

＊黙示 はっきりと言わず、暗黙のうちに意志や考えを示すこと。

から、人《にん》ベンに言と書いて「信」といい「のぶる」という。ところが人間の口から出るものは人間が自然を失わぬ間はよろしいけれども、だんだん偽りが盛んになってくると、人間の口から出るものは必ずしも有難くない。ただ、士の口より、すなわち身分のある人（もっともこの頃は身分ある人もあてにならないが）、人格者の口から出るものはあてになる。そこで「吉」という字を使っております。「偽」という字は人為となるのも面白いでしょう。人間を檻の中に入れれば囚人です。原始的感情からいうならば誠に憎むべきで殺してしまえば好いものを、それに飯を食べさせてやる、すなわち囚の下に皿という字をつける、水も呑ましてやる、すなわちサンズイをつける、そうすると「溫」という文字になるのです。溫という字はこうしてこう書くのだとやたらに教えても面白くありません。同じ一字を教えても、囚人の下の皿という字は囚人に飯を食わせるという文字、なぜに囚人に飯を食わせ、茶を飲ませなければならぬかと考えさせてゆけば、犯罪とは何ぞや、刑罰とは何ぞやという、刑法学の根本問題に触れさせられるのであります。こういう面白い文字ができあがっております。

「國」というような字を見ましても、あの真ん中の一は土地、その上の口は一区画、したがってそこに人間が入っております。戈《ほこ》は力であり防衛です。それで「國」という字の中の或という字だけで古くは「くに」と使っていました。ところがそういう「くに」がたくさんできてくる。したがってそこに国境が生まれてくる。そこで或という字に大きな口をつけて國を作ったのです。我々が国法学、国家学を学びますと、国家とは何ぞやという定義にぶつかります。そうすると国家に三要素あって、土地、人民、主権者（権力服従関係）であるなどといいますが、こういう国家の三要素というものは國という一字に入っているわけであります。

「武」とは何ぞや。武とは戈と止めるという二字から成立っている。戈というものは、生命を断つものとして凶器といわれています。戦争は一番の罪悪で、生命を殺戮《さつりく》すること、これは大きくいえば、造化をそこで拒むということで、この宇宙人生は絶えざる生成でありますから、殺生は一番の根本的罪悪と申さねばなりません。それを止める、すなわち人間の邪悪を止める努力＝武という我々の真剣の努力の意味を表しております。

あるいは、人々が経験する通り、ものを明らかに見透そうと思えば高い所に昇らなければなりません。

欲窮千里目*　更上一層楼

という有名な詩句があるが、その高の下に几《き》を加えます。几は人間が足を上げている字で、そこで「亮《りょう》」＝明らかという字になる。物を高い所から明らかに見透して始めて人の指導もできる、そこで「亮」という字を「たすける」とも読むのです。こういうことから文字を見てまいりますと、東洋人の含蓄統一性ということをよく飲み込むことができましょう。それだけ漢

＊欲窮千里目　更上一層楼　千里の目を窮わんと欲し、更に一層楼に上る。唐の王之渙の詩の一節。

字は難しい。今日では、難しいから学習に不便である。文化を遅らす、これは止めねばならぬということになってきたわけですが、一理あって軽々しくは取扱えない問題です。しかし、国字論はここではやめましょう。

枝葉を捨て根本を把握する東洋文化の美しさ

次に我々の感情的方面をみてみましょう。理知という働きは先ほども述べたように、これは派生的の働きで、これに対して本源*的の働きは感情であります。人格そのもの、人間そのもの、自我の状態を直接反映するのが感情であります。心理学者は感情は自我の状態の意識であるなどと説明しております。人そのものをそのままに反映するのが感情でありますから、感情に訴えるというと人全体を動かしますが、理知に訴えてもその人の一部しか動きません。その感情を最もよく流露《りゅうろ》*せしめるもの

＊本源　おおもと。みなもと。根源。

＊流露　精神的なものが自然に外に現れ出ること。発露。

は諸民族の詩であります。したがって、論理的書き物より詩というものを窺《うかが》うことによって民族性がよく分かるのであります。その詩を見てまいりましても、東西両民族の本領の相違が判ります。西洋の詩はどうも東洋人から見ると詩という感じが少なくてよほど文章に近い。西洋の詩をこっちに翻訳したり、こちらの詩歌、俳句を向こうに翻訳したものを（欧米の東洋研究、ことに日本研究は只今なかなか流行りまして、相当に東洋の文献、日本の哲学、文芸などが向こうに紹介されております）今ここに二、三の例をとって考えてみましょう。

例えば何人もよくご存知の、芭蕉がこれによって一派を開いたという名高い、

古池や　蛙飛び込む　水の音

という句があります。

「古池や」の「や」という何とも訳の判らない文字、しかし実に文法上の簡単な一文字ではなくして、実際において非常に含

蓄のある文字、そういうちょっと説明のできない「や」という文字を使って古池を黙想*せしめます。次に「蛙飛び込む」というのは一つの文章の形態をなしておりますが、それも水の音という一句に結びついて初めて生きてきますので、独立したものではありません。最後の「水の音」というのは水が音するのではなく、水の音という一つの句であります。それを結びつけて実在そのものが生き生きと出ております。静寂の中にポチャンと飛び込む一つの動を点綴*《てんせつ》しきたって、いかにもよく造化の妙機を出しています。

ところが、これをチェンバーレーン*という人が翻訳しております。いろいろ他にも翻訳がありますが、この翻訳が割合に忠実にできているようであります。一般識者たちは漢字よりはことによると外語の方に親しいかも知れませんが、短いものをとって読んでみますと、こういうふうになっております。

「何らの響きにも、動作にも妨げられずに幾代かを経た一つ

＊黙想
黙って思いにふける。

＊点綴
点を打ったように、物がほどよく散らばること。また、散らばっている物をほどよく綴り合わせること。

＊チェンバーレーン
イギリスの日本学者。号王堂。一八七三年（明治六）来日。帝国大学で博言学を講じる傍ら、日本の語学・文学・歴史などを研究。一九一一年に離日。著書に『日本口語文典』『英訳古事記』など。（一八五〇〜一九三五）

の静かな池が眠っておる。そこに突如として一匹の軽い蛙が飛び込んだ」

われわれがこの翻訳を見ると、チェンバーレーンは理知というものを通して自然そのものを皮相に観察説明する概念的存在になっていることに気づきます。これを「古池や　蛙飛び込む水の音」と対照してくる時に、我々は水を一口グッと飲んだ感触、いわゆる冷暖自知の境《きょう》、チェンバーレーンの翻訳のを見ると、「水」はH2Oという説明を聴く感がありますか。

加賀の千代女*の句に、

起きて見つ　寝て見つ　蚊帳の広さかな

というのがあります。これをペーヂという人の翻訳では、

「私は寝る、私は覚める、誰も傍に寝ていないベッドのいかに広きか」

となっております。これでは余りに概念的、かつ卑俗であります。第一に「I sleep……」とするところが面白い。同様に、

＊加賀の千代女
加賀千代のこと。江戸中期の女流俳人。加賀国松任の人。著書に『千代尼句集』『四季帖』など。（一七〇三〜七五）

朝顔に　釣瓶《つるべ》取られて　もらい水

について、「釣瓶の縄をぐるりと朝顔が絡んでいる。私はこの花の甘い秘密をいかにして破ることができましょう。私は水をもらってくる、隣の井戸から……」と説明つきの翻訳をしております。誠によく判っております。けれども遺憾ながら実在の性命そのものを逸しております。

東洋は何とかして余計なものを去って、物の性命を露わそうとする。西洋はなるべく枝葉をつけて、細かに説明しようとする。これは、私が学生時分から外国人の先生について、どうも我々とこの人々とは違うところがあると思わされてきました。「朝顔に　釣瓶取られて　もらい水」といえば、彼らは誰に釣瓶を取られたかを説明しろという。「もらい水」というが何処からもらったか、何故もらったか、すなわち因果律というものを非常に推究してくる。そして、因果関係を分析説明しなければ満足しない。我々はそういうものは自明の事実として実在そのものを表現しようとする。*性向の相違なのです。

*広瀬淡窓の話に、ある俳人の弟子が「板の間に　下女取り落す　海鼠《なまこ》かな」という俳句を作って見せたので、先生はこれは道具建が多いといって却下したとあります。これなどは西洋人だと喜ぶ。数言で事実が明瞭でありますが、それでは下女を歌ったのか、板の間を歌ったのか、海鼠を歌ったのか甚だはっきりしない。ここにおいて弟子が一考するところあって、「板の間に　取り落したる　海鼠かな」と下女を省略しました。そうすると先生はそれを見て、これはよくできたが、まだいかぬ。そこで、さらに苦吟惨澹して曰く、「取り落し　取り落したる　海鼠かな」。そこで先生は手を打って、これが句作の真精神であるといって許したということであります。板の間だの下女だのということはどうでもよい、海鼠の海鼠たるゆえんを現せばよいのです。ぬらりくらりとした*真骨頭を現わさなければなりません。そこで、「取り落し　取り落したる」で海鼠の特性と

＊性向
性質の傾向。気だて。気質。

＊広瀬淡窓
江戸後期の儒者・漢詩人・教育家。豊後日田の人。学塾咸宜園を開き、敬天を旨とする教育を行う。門下に大村益次郎、高野長英らを輩出。著書に『淡窓詩話』。（一七八二～一八五六）

＊真骨頭
真骨頂。そのものの本来の姿。真面目。

いうものがよく出てくる、その他は排除してしまうのでありま す。ところが西洋人には、「取り落し　取り落したる」では判りません。何処に落したか、板の間に落した。誰が落したか、下女が落したとせねば満足しません。ここが両方の行き方の違った面白いところですが、詩では西洋の行き方は劣る。東洋の詩は、主語があっては困る。また、いろいろな説明語が多過ぎても困る。なるべく余計なものは去って去り抜いて、そうして本当なものを出そう、根本と枝葉との区別を明らかにして、枝葉を簡単にして根本を培養するということが、東洋の学問上からいっても大切な問題であります。

　面白い逸話としては伯楽*の話があります。これは『列子*』や*『淮南子《えなんじ》』という書物に出ている昔から有名な逸話です。韓退《かんたい》之《し》が雑説に書いて一層日本の知識階級の中に有名になっております。

　伯楽は秦の穆公《ぼくこう》という君主の家来で相馬《そうま》の名人でした。その

＊伯楽
中国、周代にいたという馬の良否を見分ける名人。

＊列子
中国、古代の寓話集。戦国時代の道家、列子の著。

＊淮南子
中国、前漢時代の思想書。淮南王劉安撰。道家、陰陽家、法家など諸学派の説を総合的に記述編集する。

伯楽がだんだん年寄ったので、達者なうちに子供たちに馬を見ることの秘訣を伝えておいてもらいたい、という話があった。ところが伯楽答えていわく、

「私の子供は皆凡才であります。単に馬の善悪ならばその形状、筋骨で判りますが、単に善い馬というのではない、本当に千里の名馬（人間でいえば好人物程度ではなく、人傑というようなもの）になってくると、面構えや姿格好では判りませぬ。判らぬところにある神秘的なものが存するのです。それには私の子供のような凡物では駄目です。私の友達に九方皐《きゅうほうこう》（堙《いん》）というものがおりまして、これなら私に優るとも劣るものでありません」

これを聴いた穆公は非常に喜んで、その者を召し出して馬を探しにやりました。すると砂丘から千里の馬を発見したといって復命してきました。その馬は牝の黒毛《くろげ》（一本牡黄《いっぽんおすき》）とありました。早速取りにやりますと、使者からの知らせによると、指

定の馬は牝の黒毛ではなく、牡の黄毛である、つまり牡牝が反対で毛色も違っているというのです。それを聴かれた公が、伯楽を呼び出して、

「けしからぬ馬鹿者を推挙した。彼は馬を見せにやったところが、牡牝、毛色の区別もつかぬ。こういう者に馬の善悪が判るはずはないではないか」

と＊詰責《きっせき》しました。すると伯楽は感嘆やまずして、

「実に彼はそこまで達しておりますか。それでは到底私などは及びもつかぬ者であります」

といいます。公は何のことか訳が判りません。そして伯楽いわく、「大抵の者は馬の毛色とか牡牝とかいうものを見て、本当の大事なところは判らぬものです。彼はそんなものは見ておりませぬ。彼はその内を見て外を忘れ、その精を見てその粗はうっちゃっているのです。彼は馬などというものを見ているのではありませぬ。彼は馬より貴きもの、すなわち＊天機というも

＊詰責　なじり責めること。問いつめて責めること。

＊天機　造化のはたらき。天地の秘密。天賦の機知、性質。

のを見ているのです。試みに呼んでご覧なさい」というので、呼び寄せると果たして千里の逸物であったということであります。そういう枝葉末節にとらわれて物の本質を失うということは俗人のことであります。達人は枝葉末節を捨てて正鵠を把握する。東洋文化の美しいところはここにあります。

主我的な西洋に対する没我的な東洋

さてそれでは、個人生活、家庭生活、社会生活という方面ではどうでありましょう。西洋は再三にわたって述べてきたように、分化発展の「陽」の原理によるものであります。したがって、どうしても人間としては個我*的、主我的、個人主義的であります。これに対して東洋は統一含蓄、言い換えれば自分というささやかなものから少しでもこれを摂理する根源の大生命に

＊個我　個人としての自我。

帰一して生きようというところの「陰」原理を本領としております。そこで没我的であります。

この西洋は主我的で、東洋は没我*的であるということは著しい特徴でありまして、そこで個我的な精神の当然の発展として必ず権利観念、平等思想というものが生じます。権利観念、平等思想というものが正しく発展いたしますことは各人各個の自覚が明瞭になりまして、そうしてお互い同志の間に協同組織、協同動作というものが自然に発達することです。これによって社会という大きな体系的生活が営まれて行くわけであります。

ところで、一度これが失敗しますと、権利義務の観念、平等主義の観念が排他主義、無秩序破壊となります。西洋の家庭生活をご覧になりますと、西洋の家庭生活においては夫婦というものは平等であります。各々自己を知り、相手を理解し、そうして共同生活を営んでおります。妻も財産権を持っている。夫は自分の経済的失敗によっても決して妻を煩わさないで済む。

***没我**　自我を没却すること。

また、妻は自ら進んでなさざる限りは夫の財産上の破綻とは無関係でおられる。金では他人で、妻が財産を持っておっても容易に夫を助けるということはない。同じようにこちらに資力がないというと結婚が行われない。子供は子供、夫は夫、妻は妻、父は父というふうに明瞭に個人的生活が行われています。

向こうの議会制度などを見ましても、政党はこれを構成する代議士たちがそれぞれの見識を持ち、それぞれ一つの主義を持って明瞭に自己の生活というものを持っております。それが協同してここに生まれるものが政党、そこで政党の首領というものがありますが、この首領の党員におよぼす影響というものは東洋とはまったく違っております。よほど機械的であります。したがって、首領というものの存亡のいかんにかかわらず、政党および党員は独立性をよく保っている。その政党に属する党員が平気でその党の政策を批判もすれば反対もする。これを他の党員が敢えて怪しみもせぬ。これはヨーロッパあたり、アメリカあたりの政党に常に見るところであります。同時に経済社会を見ましても、資本家は資本家、労働者は労働者で仲よくいった場合に資本労働両方面のいわばお義理的協調というものがある。労働者は労働者としての自覚を持ち、資本家は資本家として相対的存立をなしている。しかし、一歩を誤れば闘争であります。

東洋はそういうようには行かぬのであります。東洋の家庭というものは決して夫なり妻なり親なり子なりというものが明瞭に相対的、平等的なる自覚の共同生活をなしているのではない。いずれかといえば、お互いに没我的になって相愛し合うというのが原則です。親は子のために自己を忘れ、妻は夫のためにまったく己を忘れる。そうして夫や子供の喜ぶのを見て喜び、悲しむのを見て悲しむ。夫あり、子あることを知って、自らを知らぬという状態が普通であって、それが正しいのであります。だから西洋と違って、夫が物をもらえば妻が礼をいう。子供が物をもらえば親が礼をいう。そういうことは日本の家庭でなければ見られぬことであります。

政治社会を見ましても、日本の政党に属する政党員というものは明確なる主義主張は、一般に余り持っておらぬのであります。いわゆる陣笠代議士*であります。皆それぞれ親分とか何とかいうものがあって、それに没我的に許しているのであります。そうして親分のいうことには皆賛成であります。したがって、政党というものは強力なる親分、総裁が現れる時は、これは実によく自分の手足を動かすように政党員を連れて行くことができる。善悪ともに自由になる。これは西洋ではなかなか難しい。いやしくも、立派な政党ならばそのために幹部が不正を行わんとする時、誤れる方向に進まんとする時は、これを批判し、論議する党員が出てくる。それだから田中大将*でも、原総裁*でも、あれだけ政友会*というものを善悪にかかわらず動かし得た。これは西洋では見られぬ図であります。その代わりその親分的総

＊陣笠代議士
幹部でない、下っぱの、役についていない代議士。

＊田中大将
田中義一陸軍大将のこと。原内閣の陸相。一九二七年組閣、対中国積極外交を推進するも、張作霖爆殺事件の責を負い総辞職。（一八六四～一九二九）

＊原総裁
原敬のこと。政治家。外務次官・朝鮮公使を歴任。のち、逓相・内相を経て政友会総裁。一九一八年平民宰相として最初の政党内閣を組織。一九二一年東京駅

裁というものが亡くなりますというと、魂のないものになります。

経済社会を見ましても、労資というものが西洋のように機械的に妥協する、機械的に提携をするということは日本人では満足ができぬ。やはり、労働組合長にあるいはまた資本家の中に自分がすべてを忘れて許すような人間がなくては、精神的に感激するところの対象がなければ能率を挙げて力を発揮することができない。「没我的現象」、つまりこの人のために死ぬとか、この事業のために死ぬという感激の対象を得ずんば活きる能わず、そういう没我的の働きを持っているものが東洋人、ことに日本人であります。

読者はあの*幡随院長兵衛とか、*清水次郎長というものをご覧になって、単に侠客として済ませるならば、それは古今に通じざるものです。現代的にいいますと、ああいう人物はちょうど今日いうところの労働組合長、職業紹介所長、簡易宿泊所長と

頭にて刺殺される。

＊政友会　明治後期から昭和前期の政党。立憲政友会。伊藤博文が組織し、立憲民政党と二大政党を形成した。大正七年（一九一八）には原敬が政友会を中心とした内閣を作った。

＊幡随院長兵衛　江戸初期の侠客。肥前唐津の士。浅草花川戸に住み、町奴の頭領。水野十郎左衛門を党首とする旗本奴と争い、水野邸で殺された。（一六二二～五七）

いうようなものを統一含蓄した人物であります。なぜかと申しますと、あの幡随院とか、清水とか、あれらは身内という労働者を皆持っています。用のない時には、簡易宿泊所をやっている。つまり仕事のない時は幡随院長兵衛は簡易宿泊所長でありますす。何か諸大名から人足の要求がある。その時に自分の身内からその人足を出してやる。その時はまさしく職業紹介所長です。そういうことが渾然と統一されており、かつ彼らは経済的関係で生きているのでない。彼らは労働というものをよく人格化している。それで職業の紹介がありましても、ただ向こうからこういう報酬で、こういう仕事がきたからお前、行って働いてこいと、一定の報酬に対する一定の労働給付をするというような関係でない。いかに細《ささ》やかな、いかなる低級なる労働といえどもそこに一種の誇りがあって、彼らをしてここに感激せしめて、人格的に労働するようにさしています。だから、あらゆることについて、親分子分の関係を結んだ人間でないと、無宿

＊清水次郎長　山本長五郎の略称。江戸後期の侠客。任侠をもって鳴り、晩年、富士山麓の開墾に力を尽くした。駿河清水港の人。（一八二〇〜九三）

者ということになって人間として待遇されない。この生活様式、社会的存在というものに私は非常に興味を覚えるのであります。

それらに一顧の注意も払わずにまったく原理を異にするところの西洋の生活状態を導ききたって、教育たると、政治たると、学問たると何たるを論ぜずにどしどしと木に竹を接ぐ*ように改めたということは我々の先輩の錯誤であります。社会生活のこういう動的方面を見てまいりましても、向こうはいかに一つのものから分派しようという傾向を持っているか、それに対して東洋は統一含蓄の傾向を持っているかということがよく判ります。

学問という方面を見てきてもそうであります。ご覧の通り東洋には儒教であるとか、仏教であるとか、神道であるとか、あるいは道教であるとかいうような、漠然たる存在しかありません。西洋のごとく、哲学あり、科学あり、その科学にはそれぞれ社会科学あり、自然科学あり、その中にも政治学あり、経済

＊木に竹を接ぐ
木に竹を接ぎ木しようとしてもうまくいかないところから、一緒にしても馴染まない、ちぐはぐなこと。

学あり、宗教学あり、教育学あり、またその教育学の中に文化教育学があるかと思うと、自由教育学、あるいはまた成人教育学、社会教育学とか何とか沢山そういうような学問の分派というものがありますが、東洋にはありませぬ。そこで*截然《せつぜん》として考えますに、こういう派生してきた概念的学問、これが学問というもの、*ウイッセンシャフトに非ずんば学に非ず。東洋には学問というものがないのだ。儒教とか、道教とかいう教えというものしかないのだ。非学問的、非文化的である。日本の文化史の内容を見てくる時、すべて外国からの輸入である。儒教しかり、仏教しかり、日本には独創的の文化というものはない。日本人は独創力がない民族である。こういう民族の文化的将来を期待することはできぬというのが我々の学生時代、いや今日もその一部分が残っている考えです。

それは造化の相待的原理を知らなくて、分化しきたれるところの機械的、感覚的存在のみを知って、その根底たる陰の世界

＊截然　きりたつさま。区別がはっきりとしたさま。

＊ウイッセンシャフト（Wissenschaft）　ドイツ語で、科学のこと。

を知らない浅見より生ずるのです。そういうふうに、あらゆる学問を分化しくるというのが西洋の特徴で、そういう分化すべきを統一して含蓄するというのがこれが東洋の行き方で、行き方が違っておるのです。だから必要であるならば、儒教から儒教の政治学もできます。儒教の教育学もできます。儒教の宗教学もできます。老荘哲学も老荘宗教学も生ずるでしょう。幾らでもそういうものをそこから抽出してくることは可能でありま す。それが抽出せられずに渾沌*として存在したというところにかえって非常な妙味があります。

『荘子』に名高い渾沌の話があります。渾沌というのは中央の天子の名前で、南海の帝を儵《しゅく》といい、北海の帝を忽《こつ》という、これはいうまでもなく刹那的なるものの代名詞です。渾沌というのは全き存在、永遠の存在の象徴であります。そうして『荘子』にはその南海の天子と、北海の天子とが中央の天子の渾沌のところに遊んで非常に歓待されたと書いてあります。枝葉的なも

***渾沌**　天地開闢の初め、天地のまだ分かれなかった状態。

のは根本によって存在するものである。根本が健やかなる時は枝も葉もすべて派生的のものが瑞々しく栄える。そういう派生的のものを歓待するのが根本の働き、根幹の働きです。そこで渾沌が歓待したというところに妙味があります。さて、南北二帝が中央の天子の渾沌にお礼をしたいというので協議いたしまして、人間には眼、耳、鼻、口などという七つの穴がある。渾沌にはそういうものはなく、ずんべらぼうである。一つ人並みに穴を開けてやろうではないかというので、一つずつ穴を開けました。ようやく七つの穴が開いた時には渾沌は死んだと書いてあります。実に意味深遠な面白い話です。余りに我々が統一含蓄ということを忘れて、派生的に走る、すなわち末梢的になるということは、これは往々にして生命を滅ぼすことである。少なくとも実在を遊離する。我々の人格で申しますと、一番大事なものは何であるかといえば、統一生命であります。すなわち活力です。

創造の根本に復ってこそ実現する正しい社会変革

精神生活においてもそうでありまして、我々の人格に一番大事なものは肉体における活力のごとく気魄・勇猛精進というものであります。理想を追求して、真剣なる努力をしているということが一番大事であります。これが盛んな時には我々の生活は多少貧乏でありましょうとも、また、いかに逆境にありましょうとも、いかなる難問題が紛糾しておりましても意とするに足らぬのでありますが、一度気魄が欠ける、精進が足りない、理想精神が滅ぶ時には、我々の身辺の一事一物ことごとく我々の生活の悩みたらざるを得ない。民族でも、民族全体を通じて何らかの理想があります時には、その民族生活の中にいかなる欠陥があり、病症がありましても大したことにはならぬのでありますけれども、一度、民族の全般を通じるところの理想というものがなくなりますというと、非常にそれは乱脈な状態になってまいります。明治以来、我々の国でもずいぶん盲目的に西洋文化を観察して、木に竹を接ぐように取り入れたというふうなこともあり、その他、枢機に立った人*のいろいろな行動において議すべき点がありましたが、ともかくも日本の国民全体を通じて熱烈なる理想がありましたがために、目標もありましたがために、世界に目覚ましい進歩をしたのであります。それから、日清・日露両戦争に勝ったというようなことになって、日本の知能が進歩するにしたがって我々の目標がなくなり、緊張の後の弛緩がくるようなことになって、今日のような困った時世になった。そこで東洋の学問は先ほども一言いたしましたが、創造の根本に復るということをやかましく申しております。『論語』に「君子はその本《もと》を務《つと》む」といっておりまして、『孟子』にも「その大なる者を立つ」と申しております。それが陽明学の精神になっております。陽明学の原理を一言いたします

＊枢機に立った人　物ごとの枢要なところにいる人。大切な政務についている人。

ならば、「務本立大《むほんりつだい》」ということであります。禅という東洋独特の宗教においてその開祖といわれる達磨大師の教えを見てまいりますと、やはり同じことをいっております。達磨という人はちょうど中国が日本の今日を思わせるような社会的に無理想な時代、文化生活の爛熟腐敗した時代の梁に出てまいりました。当時の宗教というものはほとんど煩瑣なる翻訳にあらずんば、現世の利益を求めるという虫の好い宗教ばかりで、本当の人間を作る、安心立命する、社会に淳風美俗*を作るという真の仏教精神というものは何処にも見られない。その時、大乗仏教の真精神を提げてやってまいりまして、そうしてその当時の知識階級に彼が提唱いたしましたことは、第一に実践であります。

実際生活と遊離した概念と感傷との生活にあらずして、利己的生活にあらずして、力強い実践的生活、その最初に彼が論じたのは報寃行《ほうえんぎょう》というものです。寃《えん》は兎《うさぎ》という生命の躍動の象徴たるもの、それに網を被せるという文字。我々は活動を妨げ

***淳風**　人情の厚い風俗。

られるほど辛いことはない。そこに呪いが生じます。すなわち一切の呪わしいことの起こる根本にかえってやり直すのが報寃です。その教義を録しております＊『景徳伝灯録《けいとくでんとうろく》』『続高僧傳《ぞくこうそうでん》』などによってうかがいますと、

「衆生は久しく本《もと》をすてて末に走った。そうすると怨憎《えんぞう》多い。そこで怨み、憎み、人生の呪わしいことが由って生ずる所以を去って根本の生活に復《かえ》ってそこから出直すということ、すなわち我々が末梢に走り、先端に走って、つまらない根本を遊離した生活をやり、こせこせした問題に拘泥して浅はかな感傷から、詰まらぬことをいわぬ、泣き言をいわぬ、くり言をいわぬという線太く大きく活きなければならぬ」

ということを説いています。

すべての教え、ことに日本の惟神《かんながら》の教えというものは、その点について最も純真正大に根本に返し、そうしてまったく小我を排脱して、派生的に刹那的に活きまいとする傾向を持ってお

＊景徳伝灯録　一〇〇四年、宋の道原が著した仏書。禅宗の伝灯次第を過去七仏からはじめ、インド・中国歴代の諸師の伝記を集録する。伝灯録。

ります。

現代は主知的な時代ですが、およそこの「知」というものについてもこの頃深い反省が行われております。われわれの知にもいろいろあります。西洋の神秘派哲学者の説を借りますと、だいたい「知」を三通りに区別しております

まず、通常において物を観察したり、記述したりするところの論理的、概念的の頭の働き、これをCogitationといっております。儒教にいう「見聞の知」というもので、これは物の皮相しか知ることができません。それが進んで単なる事理よりもっと深い具体的な把握、それをMeditationといい、ついに事物の生命にまで徹底するところの我々の直観、それをContemplationといっております。一口に頭というが、この頭にもこの三通りと同じようにその深浅があらねばなりません。いわゆる、理屈っぽい頭から深い直観になってこねばならぬのです。

近頃の哲学界にカント*以来の主知的な傾向に反対して、非常

*カント　ドイツの哲学者。科学的認識の成立根拠を吟味し、認識は対象の模写ではなく主観が感覚の所与を秩序づけることに因って成立することを主張、超経験的なものは科学的認識の対象ではなく、信仰の対象であるとし、形而上学を否定した。著書に『純粋理性批判』『実践理性批判』など。（一七二四〜一八〇四）

に情操というものを重んずる現象学派という一派が現れております。中にも人格生活というものを力説しておりますマックス・シェーラー*という人があります。これが同じように我々の理知の働きを三通りに分けております。彼は Cogitation に該当するもの、今日われわれがそういう頭を使って学問教養を受けてまいりました、そういう頭の働きを Arbeitswissen すなわち労働知、口耳《こうじ》の知といい、これでは自分を取り巻く環境しか判らぬ、物の内面的生命にまで徹することができないといいます。この生命に徹する頭の働きをば Bildungswisen、つまり修養知、真知といい、そこで初めて現実に飽き足らずして我々が「日に新に又日に新なる」日新解脱の生活が営まれる。そこまで深まった知の働きを Erlozungswissen、解脱知あるいは Heilswissen 叡智、聖智と呼んでおります。

ところが、そういう直観的知恵、知行合一したところの知恵、すなわち徳慧というものになってくると、もはや頭とは思えな

*マックス・シェーラー　ドイツの哲学者。現象学的立場からカント倫理学の形式主義に反対。晩年には哲学的人間学の樹立を試みた。著書に『倫理学における形式主義と実質的価値倫理学』など。（一八七四〜一九二八）

い。そうしてかえって先端的に、末梢的に、機械的に、論理的に頭の働くほど我々にはっきりと頭という刺激を与える。末梢ほど我々に感覚が鋭敏である。そこで、頭が良いということは深く直観的知恵を持って馬の毛色や雌雄などに拘泥せずに物の生命をつかむというよりも、論理を操るような働きの方が頭らしく感ずるが、これは本当に頭がよいのではない。頭が本当に良いというのはそういう概念的形式論理的な問題でないのです。のみならず今日の人間は骨力がない。

骨力というのは人生の矛盾を*爕理《しょうり》する力です。この世の中は複雑なる矛盾から成り立っているということができます。我々は鳥獣や魚を食って生きています。魚や鳥獣は人間に食われるために生きているのではない。それがすでに矛盾です。宗教的精神の盛んな人はそういう生活に堪えずして、なるべく酒肉に遠ざかろうとします。さればといって、我々があまり矛盾に対する包容力がないというと、すっかり感傷的になってしま

---

*爕理　やわらげおさめること。

って、無限の創造であるところの宇宙に生活ができない。大いに創造的生活を求めんとすれば、矛盾を感ぜられることを包含して、これをおもむろに爕理して行かなければならぬ。その包容力、その忍耐力、反省力、調和力、そういうものを骨力というのであります。

骨力が大であると我々の感情も深遠になる。骨力がないというと我々の感情が感傷的になる。ところが、末梢化の禍で感傷をいかにも感情の洗練と錯覚され易いのです。あるいは無闇に個我的なことはどうでしょう。主我的であることがなんだか如何にも価値あるような、道徳的であることがかえって恥であるように思うことこれは近代的錯覚です。すべて現代人は価値というものを錯覚している。それを引っくり返すことが正しいことだというので、今日の人間の考え方を引っくり返さんと本当の価値ならんといって、古くはニーチェ*、近くはシェーラーもやかましくいっております。要するに彼も根本に帰ろうという

＊ニーチェ　ドイツの哲学者。実存主義の先駆者。キリスト教的・民主主義的倫理思想を弱者の奴隷道徳とし、強者の自律的道徳たる君主道徳を説き、この道徳の人を「超人」と称し、これを生の根源にある権力意思の権化と見た。著書に『ツァラートゥストラはかく語りき』『善悪の彼岸』など。（一八四四〜一九〇〇）

のです。

今日、共産党に優等生が入って行くことを心配しています。困ったものである、頭の良い連中が皆入って行く、由々《ゆゆ》しいことであると申しますが、それはそうでない。その優等生の頭の良いというのは我々をしていわしめればコジティーションです、アルバイツウィッセンです。ただ、論理を操ることにきわめて鋭敏、そうして物の情理を汲むことができない。解脱することができない。悟道的知恵がない。そこでただ環境、物の世界、機械的の組織ばかり見て、そうして実際の創造の世界から遊離しているのです。大自然から人間的世界へ遊離しているのです。その面白い例があります。アメリカのペンシルヴァニアというところに一人の自殺者がありました。係りの役人が検査しますと自殺の原因を認めて曰く、

「自分は過般後妻をもらった。その後妻が一人の娘を連れ子してきた。ところが自分の父がその後妻の娘を非常に可愛いがっ

て後妻に直した。ここにおいて自分は人世《じんせい》は何が何だか判らなくなった。何となれば、我が妻の娘が我が父の配偶者となった。故に我が娘は我が娘であって我が母である。しからば我が妻は我が娘の母なるが故に祖母である。我が父は我が娘の夫なるが故に我が子であり、我は我が子の子なるが故に我が孫である。我が娘は我が母にして、我が妻は我が祖母云々、これでは人生実に不可解だ」

といって死んでしまった。実に今日、論理的、概念的危険性というものをよく現しています。

こういえばあまりふざけた例のようでありますが、これが始終行われているのです。国家とは何ぞや、社会とは何ぞや、コロンブス以来の人類の大発見は何かといえば、すなわち近代人が社会を発見したことである。今までは国家あるを知って社会あるを知らなかった。そこに学者が社会というものを発見した。国家とは土地と人民と主権者との三要素から成り立っている。

社会は土地と人民との組織である。国家と社会との区別は権力服従の関係の有無にある。してみれば、国家というものは人民にとって手枷足枷のようなものである。人民が自由な生活をなし得ないというのは畢竟するに国家という組織が手枷足枷であるからである。この*桎梏《しっこく》を取らなければ人民は救われない。進歩しないというのは国家に複雑な歴史あり、民族精神あり、伝統あり、活きたものを単なる国家、一科学的定義の存在と混同してしまって、そうしてそこに単に論理的な帰結を導き出してくるのが自殺的結論であります。なるほどペンシルヴァニア州の出来事と同じであります。

そこで現代人をいかにしてこのコジティチヴよりコンテムプレーチヴに、この単なるウイッセンス・アルバイトからハイリッヒに、浅薄な痙攣《けいれん》的感傷からできるだけ骨力あるようにする、毒々しい利己主義からもっと大きい大我的精神に進もうか、すなわち個人的には人格主義、理想精神を、国民としては軽薄な

＊桎梏　足かせと手かせ。厳しく自由を拘束するもの。

外国模倣に非ずしてもう少し自国の民族精神、民族文化を体得しよう、西洋民族としては東洋民族の持てる不可思議な渾沌性に学ぼう、こういう欧米の識者に深い自覚ができております。要約するならば、つまり実在にこういう相対的原理がありますが、その分化発現、したがって往々末梢化、刹那的存在化する性向を西洋文化が代表し、統一含蓄、これに過ぐれば保守に止まる、その方を東洋文化が代表し、たまたま＊時命《じめい》によってヨーロッパの方がその本分に偏し過ぎた結果、だんだん深刻に生命を喪い、どうしてもこのままでは没落より外ないというので、今やしきりに生命の本源に帰ろうとしているのであります。

ところが東洋の方では渾沌できたところ、そこに突然、西洋の本領を遺憾なく発揮した文化を急激に体験して、我々に非常に刺激が強かった。その結果、文化というものはヨーロッパに限るというように錯覚し、又、ヨーロッパ人もそう論ずる、そういうところから自分の本領を忘れて追随して行った。それが

＊時命　めぐり合わせ。運命。

ちょうど前車の覆轍《ふくてつ》＊で、驚いてまた自らの本領に帰ろうとしている、その混乱がちょうど今日の情勢であります。今日の人間は始めの例で申しますればあまりに主知的に、功利的に、物質的に走り過ぎている。それと反対の方に我々は還らなければならぬ。そういうことを考えてきます時に、我々の新しい世界文明というものはちょうど我々が本領として持っております精神、能力、その物を根底として、それに今まで発展してきましたところの西洋民族の文化、彼らの本領というものを枝葉として生ぜしめ、初めて全きものになるということを知るのであります。そうすると世界文明というものの創造に我々の占めるべき地位、立場、使命というものがはっきりします。我々の持っているものが根本になって、彼らが花となり、葉となり、実となる。今日までせっかく発達してまいりました大西洋の文化を再び生命あらしむるや否やは我々の本領とすることの精神能力をいかに自覚し、いかに発揮するかということに繋がっているのであ

＊覆轍　くつがえった車の轍の跡。前人の失敗。

ります。我々の具備するところの本領を自覚すること、発揮することが足りなければ、今までの人類の努力というものは禍になる。花を生じたにつけ、葉を茂げらせたがために、木が枯れるということになるのです。

ここで、私は始めて明日の世界に対する自信と、深き覚悟とをもって我々の学問をし、我々の社会を正しく変革して行くことができると思います。その自覚がないと、いたずらに結局、水掛け論や暗中模索に終わってしまうのであります。

第十三章　東西民族精神の対照

平凡を礼賛する西洋、偉大なるものに憧れる東洋

今まで人類文化の二大対照でありまする東洋文化と西洋文化との本領が奈辺に存するかということを、実在、成立、活動の根本原理ともいうべき、陰陽相待的理法から説明いたしまして、東洋文化がまさに転回《てんかい》しようとしておりまする世界の文運に対してどういう意義を持ち、使命を持つものであるかということを論じてまいりました。

これから進んで東洋精神界の最も純一無雑なるものと申すべき我が日本精神の本義、それに照らして日本民族はどう進まね

ばならぬかというような問題について、論を進めましょう。

日本精神という言葉は今日、一世を風靡《ふうび》いたしまして、日本精神論はほとんど流行思想のごとくなっているのであります。あらゆる思想家、学者が講演会において、講習会において、またいろいろ新聞雑誌において、さまざまの立場より日本精神の説明を試みておられるのでありますが、しかるに一般識者の訴えを聴きますと、その割合に日本精神というものが茫漠《ぼうばく》＊として把握されないうらみを免れぬようであります。かつ、およそ物事が流行いたしまするというと、流行現象に伴ういろいろな過誤やら、あるいは軽薄な宣伝も起こりまして、迷惑が生ずるのでありますす。そのために私は日本精神の真義と自ら信ずるところを簡潔に論じてみたいのであります。

いったい現代の一欠点といたしまして、物が余り分析的煩瑣に陥っております。それで科学界においても、今までの分析主義、抽象主義、形式主義、主知主義に対して、自ら全体主義、

＊茫漠　広くて、とりとめのないさま。ぼうっとしてはっきりしないさま。

全機性（全神の尊重というもの）の提唱を耳にするようになっております。今までのように物を精細に分析して結果を総論判決するというよりも、まずもって生きとし生けるものは全体として存在しておるのである、根本において全体性――Ganzheit全機性、全神――Ganzheitgezogenheitを重んぜねばならぬ。実例で申せば、肉体でもそうであります。これを内臓諸器官や無数の細胞に分析観察したならば、生命の生命たるゆえんは逸し去ってしまう。まずもって我々の生命という全体を診断して、しかる後にいろいろな立場から細看《さいかん》するのです。

日本精神についても、毛色が栗毛とか白毛とか、牝とか牡とかいういわゆる形容筋骨は、幾らでも説明できるのであります。けれども日本精神の日本精神たるゆえん、日本精神に現れる、含まれている天機、すなわち全神、全機性といわれるもの、これを伝えることはなかなか難しいことであります。これは元来、九方皐、伯楽たらずんば能わざるところで、我々凡庸なものでは容易に企て及ばない。そこに一つ日本精神の真義を語ろうとすれば悩みがあり、＊慚忸《ざんじく》があるのであります。

これに加えるに、おおよそそういう問題、日本精神の日本精神たるゆえん、一番根本の問題、全神、真髄というような問題になってくれば、そもそも言語や文字では現すことのできない性質のものである。何故かといえば、私どもの言語とか文字というものは、これはお互いの経験の共通性の上にできたものであるということができます。お互いに共通的なるものほどよくこれらに乗るのです。これはその発生成立の由来から明白なことであります。したがって日本精神とはかくのごとしと、いろいろに説けば説くほど、書けば書くほど、実はそれは中国精神にも、イギリス精神にも、ドイツ精神にもいずれにも共通的なものになってくる。日本精神とは清く明らけき心である、日本精神は自然を愛するうんぬんと説明してくればくるほど、何処の精神だって清く明らかならざるものはない。何処の人民だっ

＊慚忸　なんともきまりが悪いこと。

て、中国の苦力《クーリー》だって、イギリスの紳士だって、自然を愛するのであります。つまり程度の問題だというような水掛け論で終わってしまう。中国精神に非ず、イギリス精神に非ず、ドイツ精神に非ざる日本固有の精神、日本民族の日本民族たるゆえんの精神という意味における日本精神に至っては、これはなかなか思議言説のおよぶところに非ず。文字や言語にはなかなか乗らない。さればこそ例えば日本の仏僧の中で私が一番敬慕いたしております道元禅師（承陽大師）のごときも、説法の壇に登って申しておられますには、

「自分は今日事已《ことや》むを得ずして、枉《ま》げて人情にしたがってこの座に登ったのである。もし、大事を称揚せよ、……つまり仏法の第一義、人間の一番大事なことを明らかにしてくれと、いわれるならば、これは最早口を開くことができない」

つまり、開口不得《かいこうふとく》と申しておられる。

釈尊も霊鷲山《りょうじゅせん》上、至極の妙法はついにいわんと欲していう

＊苦力
中国の下等の労働者。

＊思議言説
考えはかったり、言葉で説くこと。

＊霊鷲山
中インド、マガダ国の都、王舎城の東北にあり、釈尊が法華経などを説いたという山。

を得ず、ただ、金波羅華《こんぱらげ》を*拈《ねん》じて破顔された時、聴聞の席にお った*迦葉尊者《かしょうそんじゃ》が以心伝心、*霊犀《れいさい》相通じて覚えず微笑した。ここにおいて釈尊がその極意を迦葉尊者に伝えた――許されたといわれる。それが禅の始まりだというようなふうになっておりますが、まことに日本精神の真髄は日本民族たるものが元来みな本具いたしているその日本精神によって以心伝心する外ないということになります。

けれども、それではまったく「話にならぬ」のであります。話にならぬ、ではしかたがないから、枉《ま》げて人情にしたがってこの座に登るということになる。元来、文字言語の性質そのものからいって、日本精神の真義というようなものは、これは容易に語るべからざるものである。まして、九方皐、伯楽の徒に非ざる凡庸の筆者においてをやであります。これは非常な難問題でありますが、しかしそう尻込みしておっても仕様がありませぬから、一つ鉄面皮*にできるだけその日本精神の真偽を彷彿

＊拈じる
ひねる。つまむ。

＊迦葉尊者
釈迦の十大弟子の一人。釈迦没後、仏教の長老。

＊霊犀
霊力のある犀は角に筋または穴が通っているということから、人の意思が通じ合うたとえ。

＊鉄面皮
恥を恥とも感じないこと。あつかましいこと。図々しいこと。

し得れば望み足るとして、筆を進めて行きましょう。

　東洋文化と西洋文化、オリエンタリズムとオクシデンタリズムとの対照を論じました時にも、一言いたしましたのでありますが、西洋主義の方では宇宙人生の成立活動するゆえんの相待的原理で観ますと、陽原理的代表です。東洋主義の方は陰原理的本領を備えております。陽原理の働きは平たく申しますと、分かれて外に伸びて行く働きであります。分化発現の働きでありります。陰原理はそれを結んで内に貯えて行く働きであります。統一含蓄の働きであります。そこで、西洋民族性はその分かれて伸びて行く、分化発現して行く陽性の特徴にしたがって、どうしても個人主義的である、主我的である。東洋民族性の方は結んで含む、貯えるという、陰原理的特徴にしたがって、没我的である、大我的であるということを指摘いたしました。

　主我的である、すなわち個人主義的である、我の自覚が明らかである、自治的であるということを、もう少しく約して申しますと、つまり、西洋においては平等思想が発達する。主我的なることは分かれることであります。一が分かれるのですから横の関係であります。その平等思想が発達すれば、自ずからそれに伴ってその主我的なるもの、平等的なるものの、各々の限界を定める必要が生じてきます。これ、すなわち権利思想でありとます。だから、主我的なる西洋民族性からは必ず平等思想と権利思想とが発達する。こういうものが集まって家を造り、学校を造り、教会を造り、組合を造り、国家を造って行く。すなわち社会生活をなして行く上においてなければならぬものは、協同という働きであります。コーポレーションであります。

事実それが西洋においてさまざまな相に発達いたしている。そのために自ら彼らの社会は、その何たるとを問わず、本然社*会たると構成社会たると、家庭たると国家たるとを問わず、すべて機械的、組織的、構成的性質を持っている。それだけにこれが悪くまいれば、主我的であることは利己的であることにな

＊本然社会　本来そうである社会。人工のものを加えず、自然のままである社会。

る。平等思想は悪平等思想――価値否認、優者排斥、およそ偉大なるものを排して平凡を礼讃する。それももちろん悪い意味における平凡の礼讃ということになる。また、権利思想は必ず権利の濫用を生じ、ここにおいて協同は一転して闘争になる。元来、機械的、組織的、構成的な性質を有する彼らの社会は、かくて、すこぶる解消し易い、解体し易いという弱点を免れないのであります。

しかるに、没我的な東洋民族性ではどうか。没我的であるということは取りも直さず、西洋民族性においてならば、はっきりさせようとするその自我というものを、ある偉大なるものに対する感激の裡に忘れ、これを抛《なげう》ち、捧げて行こう、――すなわち「己れを忘れ、己れを抛って、ある偉大なるものを奉じ、これに生きてゆこう」ということになる。それだから西洋における平等思想とは違って、必ず理想精神、偶像礼拝、およそ偉大なるものに憧れて生き甲斐を覚えることになる。そして、各自の限界を定める権利思想とは違って、ある偉大なるものに対する犠牲的、あるいは奉仕的、もっと適切には祭祀的ともいうべき思想になる。

そこで、その社会、東洋の社会はその何たるとを問わず西洋の機械的であり、組織的であり、構成的であるのとは反対に、非常に有機的であり自然であり、人格的であるという特徴を有する。その代わりにこれが悪くなればどうか。没我的である、自我の意識が明らかでないことから反省の不足となり、無責任になる。そして、偉大なるものを求める心、理想精神というものは、偉大なるものに対する依頼心の増長になる。ところが、いかなる偉大なるものも、そうそういろいろの要求を満たすことはできないから、自然、容れられないということになる。容れられないというと、自ら省みる力に乏しくて、自治能力が少ないものであるから、それを恨む。等しくその偉大なるものに縋《すが》ろうとする者同士が嫉視《しっし》排斥し合う。あるいは「我が仏尊し」

で、他の偉大なるものの自分に結ばれないものは排斥するというような心理が非常に盛んになる。そのために、西洋ならば理論的に解消し易いものが、東洋では感情的に破綻し易い弱点を免れないのです。これ、東西民族性の明らかに具現している長短であります。さて、あらゆる東洋性のうち我が日本民族性を見てまいりますと、それこそいろいろの実例をとって申し上げると明瞭でありますが、煩瑣になりますから差し控えたいと思います。要するにいちばん純一無雑、オリエンタリズムの中のいちばん純一無雑なるものが日本精神であると申すことができます。

前述した実例をまた挙げてみましょう。我らの衣食住をとって考えても、西洋の洋服というものは非常に実用的なものでありますが、実に個体的なものである。そして、要するに被服の上に出ません。ところが中国服などから日本服になってくると、衣服というものは単なる被服に非ずして、これに生理的、衛生的、哲学的、芸術的、宗教的、いろいろな要求が含まって、その複雑なるものを純化してきています。これは驚くべき高尚なものであって、着物の柄に羽織の裏に、帯の中に、あるいは歌を入れ、詩を入れ、絵を入れ、自己の報ずる格言を入れ、あるいは信仰の対象を描き出す。また、帯というものなど従来、不衛生なもののようにいわれていましたが、ちゃんと法のごとく締めれば実に衛生的である。精神にも緊張を与える。これはすでに衛生学の大家などが指摘いたしておりますが、人間が健康を維持する上においていちばん大事なことは何であるかといえば、水も必要、光も必要、いろいろなものが必要であるが、なかんずく注意しなければならぬのは大気の圧力、地球の引力、簡単にこれを気圧としておきましょう。

我々の身体が平均受けているところの重圧というものは何百貫、三千四百六十六貫と聞いておりますが、それくらい懸かっている。それは内外同率の力学的法則よって別に何とも思わずに順応している。この順応の仕方は横になるのがいちばん楽でありますだから、楽になることを「横におなりなさい」といい、「縦になりなさい」とはいいません。横になれば無論これは楽です。ところがそれでは知能が発達しない。手が利かない。それやこれやで立ってしまった。こうなると大切なのは骨盤や股関節、脊椎です。ちょうど礎石と大黒柱のようなもので、大事なことはこれを正すことである。そうしないと、それからいろいろな神経系統などが分布し、末梢におよんでいる。内臓諸器官はそれらと密接な影響を受けて活動している。脊椎に故障を生ずるとか、あるいは骨盤、股関節に異常があるというと、ひいては末梢部の平衡を失い、ためにいろいろな疾患を起こす。精神的影響を受ける。そこでこの骨盤を正し、脊椎を真っ直ぐに維持することが大事で、これがいわゆる肉体の枢軸です。そのために正座とか坐禅ということが生理的に説明しても必要なのでありますが、服装でいうと帯というものは非常にこれに役立つのです。そして、腹背を保温し内臓の下垂を防ぐ、世界諸民族の被服において、あらゆるそういう要求を打って一丸として、そうしてそれを一の被服というものに創造しているような、そんな純一無雑なものはちょっと見られないのであります。

食物もその通り、日本の食物に至っては単なる食物、単に栄養を摂る、あるいはエネルギーを、熱量を得るというだけでなくして、観るもの嗅ぐもの、考えるもの、すなわちいろいろ薬物的、芸術的、思索的、さまざまな要求を含めてできている。非常に複雑な価値的性質のものになっております。だから料理というものも道になっている。料理道になっている。禅家では典座《てんぞ》というものがあります。禅僧の炊事係です。これは最も老熟した雲水をもってこれに充《あて》る。つまり始終坐禅し思索するため健康を損ない易い雲水を、食物の上から援けてやるようにできているのであります。だから、修養のできておらない者や注意のこまやかにとどかぬ*粗笨《そほん》な*野狐禅《やこぜん》輩ではできないこととさ

＊粗笨
笨は粗と同義。あらくて雑なこと。粗雑。

＊野狐禅
禅を学び、まだ蘊奥を究めないのに、自らは悟道に入ったと自負するもの。なまかじりで、自分は悟ったかのように自惚れていることをいう。

れているのです。住居でも、運動でも喫茶喫飯なんでもそうでありまして、いわゆる行儀作法をいま一度回顧せねばなりません。日本の文化を仔細に見てまいりますと、日本民族性がいかに純一無雑なものであるかということが、よく解るのであります。

「いかに生くべきか」より「いかに死すべきか」

さて、先ほど東洋民族性が西洋民族性に較べて没我的であるということを申しておきましたが、日本民族ほど没我的なものはない。したがって、西洋民族においてならば「我々はいかに生くべきか」と考えるところを、東洋民族はむしろ「いかに死すべきか」と考える。そのいかに死すべきかを実生活上の原理として日本民族ほど純化したものはない。日本民族精神をある意味において最も霊活に現した武士道（武士道と日本精神の関係もいろいろ学者の論がありますが）において、あらゆる文献（文献というと記録的なものばかりに考えますが、それは「文」の方で「献」は賢に通じ、人物をいうのであります）、その正しい文献を通じて間違いのないことは、常にそれがいかに死すべきかという覚悟の上に立っていることであります。それ故に文学を見ましても、芸術を見ましても、宗教を見ましても、政治を見ましても、いかに死すべきかということの上に立てられて始めて日本的です。

儒教といわず、仏教といわず日本精神に摂取されたるものは、その中からそれに役立つところを最もよく吸収している。ただし、いかに死すべきかということは唯、死を願う消極的な心ではない。いうまでもなく、ある偉大な感激の対象を求めて、それに向かって没我的になって行く。己れを忘れ、あるいは己れを抛つべきある偉大なる感激の対象を得る生活であります。我々が喜んで、勇んで、己れを空しうし、己れを忘れて没入して行くような、そういう感激の対象を得ることを、大和言葉では「むすび」（産霊）というのであります。日本精神を最も活き活きとつかむため、日本精神の真骨頭を把握するためには、この「むすび」ということを知ることが、根本の問題であります。

西洋流に考えますと「むすび」ということは、平面的に相対して存在するものを結合することでありますが、我らのいう「むすび」は霊を産む、産霊という文字を当て嵌めているように、これは相対するものを統一して、そうしてより一段高次な価値に進むことであります。一種の弁証法*的思想です。これを中国思想で申しますと、「中庸」という文字がよく当て嵌まる。「庸」とは常という文字で、不易を表す文字であります。中庸ということを普通、例えば小作争議ならば、小作人側のいうことと地主側のいうことを聞いて、これを歩み寄らせること、この頃の市電争議でいうならば、従業員側のいうことと市役所側

＊弁証法
形而上学的思考法と対立し、世界を固定的事物の複合としてではなく、新たなものの生成、量から質への転化、古いものの消滅という諸過程の複合として認識し、一切の事物は、他の事物と相互関係にありながら、自己の諸過程内部における対立物との闘争によって自己運動を起こし発展するという基本的法則に立脚する。

のいうことを聞いて、歩み寄らせること、そういうことを中庸というならば、それは相対するものを平面的に結ぶだけのこと、いわゆる妥協に過ぎません。それなら何も孔子が、

「天下国家も均《ひと》しうすべきなり。爵禄辞すべきなり。白刃踏むべきなり。中庸は能くすべからざるなり」

とまで嘆じはしまい。

中庸とは相対するものを結んで、総合統一して、より高い価値的道程に進めることでありますから、地主側と小作人側とで申せば、両方のいうことをよく聴いて、その善悪正邪を批判し、そうして小作人側が正しければ小作人の主張を通してやり、地主側が正しければ地主側の主張を通してやらなければならぬ。そこをできるだけ円満正大に解決するのが中庸であります。中庸すなわち中道であります。これは孔子の言の通り難しいことであります。

日本のいわゆる「むすび」とはこれであります。男女が結ば

れるということも、一対の男女が集まって共同生活をやるというだけではないのであります。男が夫となり、女が妻となって、家庭という高次な価値生活（これも西洋臭い言葉で、西洋哲学の匂いのする言葉ですが、便宜上そういう言葉を使います）を営むのが「むすび」であります。男女の「むすび」であります。されればこそ、男女が情死することも「心中」と書く、なかなか名語であります。この世においてはどうしても「むすばれる」ことができないから、仕方がない、一つ肉体的に、現実的に死んで、より永遠の霊的生活に進もう、いわゆる「天国にむすぶ」こと、そういう意味から「心中」と書くのです。情死などと書くよりはよほど面白い、意味の深い言葉であります。こういう価値生活への無限の進歩向上がすなわち「むすび」であり、換言すれば我々が己れを空しうし、己れを忘れ、己れを抛って、偉大なる感激の対象に生きることが「むすび」であります。この間、日本に来て神道の研究で有名になっていたメーソン*氏の

＊メーソン（J・W・T・メーソン）
　アメリカの思想家。もとは新聞記者だったが、神道の熱烈な信奉者となり、一九二〇～三〇年代に『神道神話の精神』など神道に関する多くの著作を残した。（一八七九～一九四一）

ごときも、これに気づかれて、神ながらの道における「むすび」ということを論じていましたが、卓見であります。

ところがこの「むすび」ということは、むすばれる方からいいますと、「まいる」の思想になるのです。「まいる」とは卑しきもの、小さきもの、低きものが、高きもの、尊きもの、偉大なるものにむすばれる。自ずからむすばれて行くことでありります。これを中国思想でいうならば、「参」であります。だから、この文字を入れて、それで「まいる」、参ずるという文字に当て嵌めている。我々は始終この「まいる」、参ずるという言葉を愛用して、今日におよんでおります。男女間の、西洋ならばLove、あるいはLiebenなどというところも、日本では「参った」という。「参る」という。あれに「参った」というのは、相手を価値的に認めた（こんなことをいっては駄目ですが）、感激したことをいうのであります。利害も批評も一切投げ出して、心から、服する意味です。女性認識ではなく、女性崇拝の言葉です。

それはまだしも、今度は相敵するものと争う場合、勝敗を決する場合、負けた者がその勝者に対して「参った」という、これなどは非常に深い言葉であります。礼譲*の正しい、謙虚な、奥床しい日本民族性をよく表している。没我的な民族性の証拠です。いろいろな軍記物語を読んでみますと、日本の武士は、なるべく骨の折れない敵を見つけて、なるべくたくさん倒す、弱そうな奴を探してその首を多く挙げるというのでは軍功にならない。最小の労力でもって最大の効果を挙げるということは、経済的には通用しますが、精神生活には潔しとしない。日本人は没我になって感激の対象を求める国民性でありまするが故に、感激を欲する国民でありまするが故に、したがって、戦いの場合にも全力を挙げて、あるいは生命を賭して争う華々しい相手、強敵勇士、敵の大将を目指して、これに躍りかかる。そして、大将の首を一つ取ることが、雑兵の首を百取ることよりも遙か

＊礼譲　相手に礼儀を尽くし、へりくだること。

な軍功であります。名誉であります。

ところが左様な場合に「畜生！」とか「野郎！」とかいうような、憎悪に満ちた言葉、軽蔑に満ちた言葉をもって決して躍りかからない。心得のある武士ほど相手を尊敬して、相手を偉大なるものにして、礼儀を正してこれにかかる。左様な場合に使われている言葉は、「いざ、参る」ということです。「見参」ともいう。見参とは現在、すなわち「目の当たりに参りますぞ」という意味で、「推参」ともいう。で、「参上仕る可く」というよりは「推参仕る可く」といった方が、グッと丁重な言葉であります。でありますから、人を叱咤する場合にも、貴様のような奴を相手に取るのは嫌だ、それにもかかわらず、貴様は俺に懸かってくるか、というような場合に「推参なり」と叱る。『国典』*を読んでみましても、かようなところになりますと、実に津々たる興味を覚えるのであります。日本民族性を深く味わされるのであります。

＊**国典**　国家の法典。わが国の典籍。国書。

　ところが、むすばれる方からいって「参る」という思想、この思想をむすぶ方からいいますと「ゆるす」ということになる。今でもこれをいろいろ武道とか茶の湯、生け花、琴、三味線その他、芸道においてなお用いております。「ゆるし」を受ける。「ゆるされる」というような言葉、これは「むすび」の思想から当然、発展しきたるべき生命必然の思想であります。我々はかく感激の対象を得て、それに参る場合に、必ず偉大なるものを念としてその傍を離れられない。一つにならなければ承知できない。ここにおいて、「参る」から続いて生じきたるべきものは、すなわち「はべる」「つかえる」「そうろう」というような思想であります。我々も候文*を捨てかねるのも理由あることです。武士、「さむらい」とは、すなわちある偉大なる感激の対象たる人を得て、崇敬する人を得て、その人に「はんべり」、さむらい、つかえて、没我的生活、身を致す人のことでありますす。そういう場合は没我になって行くのでありますから、自分

＊候文　丁寧語「候」を用いて書かれた文。中世以来、書簡や公文書・願・届などに用いた。

の持っている物はおろか、生命までも、悉くそれに捧げて行く。これが大和言葉で「まつる」「まつらう」というのであります。日本精神を論ずるものは必ずこの「むすび」に始まって「まつり」を体得せなければなりません。

　支那においてもやはり「祭祀」という文字があります。日本にもその文字がいちばん普及しておりますが、「まつり」という言葉に充当しております。祭祀という文字の意義はいろいろ解釈ができますが、その最も我々に相通ずる解釈は、祭という文字の左側の上の夕は、肉の一片を筋まで表したものであります。右は手を表したもので、下の「示」は神を表している。神様に自ら大切な生命の糧をそなえることであり、「まつり」の意味を表す文字であります。「祀」という文字は、「似《し》也《なり》」と『孝経』の註にもありますが、二六時中、*夢寐《むび》にこれを思うて忘れず、常にその人在《い》ますに似たりという意味をいうのであります。すなわち、祭祀という意味は忘るる能わざるところの、

＊夢寐　ねむって夢をみること。また、ねむっている間。

ある偉大なるものに、自己の一切を捧げて行く。

海行かば水づくかばね
山行かば草むすかばね
大君のへにこそ死なめ
かへりみはせじ

という、この気持を現わすのが「まつり」であります。ここにおいて、我らいかに死すべきかという東洋精神は、最も活き活きとして我らにこれらの言葉、観念、思想、覚悟となって、実生活に現れ文化を創造しているのであります。

直観的叡智の発達した日本人

ところが我々がそういう偉大なる感激の対象を得て、それに向かって己れを空しうして、まつろえばまつろう*ほど、そこに生ずるいろいろの心の働きを、まず知的に見てまいりますと、叡智であります。深い直観であります。「我《が》」があるというと、開けないものであります。我が無くなればなくなるほど、「欲」が無くなればなくなるほど、これが開けてくる、磨けてくる。東西文化の対照の話をした時に、我々の知というものにもいろいろな区別があるとして、あるいは儒教、あるいは仏教、あるいは西洋神秘派哲学者、あるいは現象学派の哲学者の説をあげましたが、直観的になればなるほど、物の性命、全機性、全体性を把握し、概念的、形式論理的、抽象的になればなるほど、物の一面にしか触れない。そこで「むすび」「まつり」の心に裕かな日本人は、自然、この大事な知においても叡智を貴ぶのであります。直観を貴ぶのであります。形式論や概念の遊戯に甘んじない。潔しとしないのであります。さればこそ、「ことあげ」をせぬというのであります。これに反して、「言魂」の

*まつろう　服従する。付き従う。

幸《さき》わうということは直観的叡智の発達したことで、それゆえに、遊戯的な議論は好まないというのであります。ですから、柄にもない人間が、でっちあげた指導理論などというものは、日本においては結局、何ら指導力を持ち得ませんで、行きづまりの外ないのであります。

　つまり、日本民族には指導人物あって、指導理論は成立ちますが、指導人物から離れて指導理論はあり得ません。それから、知において直観を貴びますように、叡智を貴びますように、感情においても日本人はあまり表情的であることを好まない。あまりに表情的であるということは、つまり枝葉末節的であることです。派生的であることです。もっともっと深い、何といいますか、優情*あるいは幽情*を貴ぶのです。それでありますから、喜怒哀楽を色に現わさぬとか、*疾言遽色《きょしょく》しないとかいうようなことを非常に貴ぶ。その意味において中国民族性、中国道徳、中国の人物とよく相通ずるところがあるのであります。

＊優情・幽情
有情よりなお深い情。

＊疾言遽色
あわただしいもの言いと、うろたえた顔つき。

一例を挙げますと、晋《しん》の*謝安《しゃあん》。「乃公《だいこう》出でずんば天下の*蒼生《そうせい》を如何せん」といって、自他ともに許した謝安が、前秦王・符《ふ》堅《けん》と皇国の興廃この一戦にありといったような大会戦を肥水《ひすい》においてやった。その時に自分の甥の謝玄を軍の総司令官にしてあった。国を挙げて成行きいかんと安き心もなかった時、彼はその戦争の最中、客と碁を打っていた。そこへ伝令が馳せて我が軍の大勝を報じた。彼はその報告書を受けとると、「小僧やったナ」といって、そのまま傍において泰然として碁を打ち続けた。それを知った客がもうオチオチしておれないで、ソコソコに辞し去るや、これを送って門を出た謝安は、帰る時に敷居に当たって下駄の歯の折れたのを気づかぬほど狂喜した。

　こういう話は和漢にいくらでもありますが、そういう人物です。容易に末梢的感情を動かさない。ヒステリックでない。センチメンタルでない。そういう人物を非常に愛するのです。それが日本の学問にも芸道にも皆現れています。そういう意味で

＊謝安　東晋の宰相。（三二〇～三八五）

＊蒼生　人民のこと。

現代人士のセンチメンタリズム、すなわち人間があまり感傷的である、あるいは煽情的、激情的であることを好まない。口角泡を飛ばして興奮談論するというようなこと、徒《いたずら》なる*燕趙《えんちょう》的悲歌は人傑の卑しむところであります。それだから表情に非常に巧みな、巧みというよりは自然に表情的な西洋人から見ると、日本人は悲しい時に笑っておったり、びっくりする時に平然としておったり、無表情である。感情がないのじゃないか、神経が荒縄のようにできているのじゃないかというが、感じないのではない。それがいかに感ずるかという点において、軽々しく表さないということであります。

ずっと以前、高野の獅子《しし》嶽《がだけ》というところに*快猛《かいもう》という管長がありました。長い間、味噌擢り坊主同様のことをしておって、一躍抜擢されて管長になった人でありますが、実に深沈*大度《たいど》でありまして、人物の奥底が判らなかったという。そこで、*納所《なっしょ》坊主に面白い奴がありまして、何でもよいから和尚のびっくり

＊燕趙的悲歌
中国、戦国の時、燕・趙の国に世を憂えた人士の悲歌慷慨。

＊快猛
金剛峰寺座主。大僧正。明治一九年に開校した古義大学林（現在の高野山大学）の総理（学長）を務めた。

＊大度
度量の大きいこと。

＊納所
寺院で、施物を納め、また、会計などの寺務を取り扱う所。また、それを司る僧。

したところを見たいという念願を起こして、毎夜、奥の院に閼《あ》伽《か》（お供水）を捧げて通われるそこを窺って、ある夜、闇に乗じて杉の木立に隠れ、火縄銃でやり過ごして一発ドカンとやったのです。大抵、闇の夜に鉄砲を打たれたら皆びっくりしますが、和尚は悠然として足を停め、やがて暫《しばら》く辺りを見回しながら、「ああ、びっくりした」といったまま、それきり平然と去ってしまったそうです。その坊さんが今更のごとく感嘆したという話があります。いつかそれを小杉放庵*さんに話しましたら、非常に喜んで、それを何かに書いておられたようです。日本人はそういう人物が好きなんです。びっくりしなければ、これは死んでおるか、耳が聞こえないかです。びっくりするが、狼狽しないというところに非常に妙味がある。こういう境地をあらゆる機会において練りたいのであります。

現代人は、西洋の近代文明に触れて、何でも西洋流に走り、それも浅薄に枝葉末節化、先端化して、その結果、そういう民

＊小杉放庵
画家。栃木県日光生まれ。小山正太郎主宰の画塾不同舎で絵を学ぶ。日露戦争時には従軍記者として写生や記事を寄稿。当初洋画家として活躍するが、のち日本画も描くようになった。日光市に小杉放庵記念日光美術館がある。（一八八一～一九六四）

族的本質をも誤って、知的にはもちろん、感情の点でも、非常に表情化してしまった。だから、現代日本人、文化人ほどセンチメンタルで、神経がドギドギしている。痙攣的である、誠に弱く見える、甘くみえる。これは日本人の好まざるところであります。

さて、内において深き直観、感情において深き優情を貴ぶがごとく、我々の現実欲望の生活上においても、解脱を貴ぶ。これを称して「勇」というのです。偉大なるものに感嘆して、己れを忘れて参じて行くには、当然、現実の執着を絶って理想に向かっての躍進、勇がなければならぬ。これを貴ぶのでありますす。すなわち、知と行との矛盾を許さない。知行の合一、生命の全き躍進を愛するのであります。これらはいわば、日本精神より発する根本道徳、『中庸』の言葉でいえば「＊三達徳《さんたっとく》」とでも申しますか、それを最も よく表徴するものは、我が皇室に＊斎《いつ》き祀《まつ》られるところの三種の神器であります。

＊三達徳
どんな場合にも一般に通ずる三つの徳。すなわち、智・仁・勇。

＊斎
潔斎して神に仕えること。

これも学者がいろいろ説明しておりますが、あの「御鏡」は宇宙を遍照する大光明、大叡智であります。万物これに照らされてその正体を映すのであります。「玉」は含蓄、潤い、人間の深い優情仁愛を表徴するものです。「剣」は現実の執着を断ち切り、理想への躍進を表徴するものです。西洋人は光がキラキラ外面に発散する宝石を愛する。東洋人はその光が含み潤うところの玉を愛する。だから、宝石を愛する間は未だ本当の日本精神になっておらぬわけで、やがてこういうふうに日本精神が進歩し、また、生活が真実になってくれば、やがてまた、愛玉趣味というものが必ず起こるであろうと思います。現にこの頃、翡翠《ひすい》などはよほど尊重され、いろいろ玉が入ってきています。日本刀趣味もがぜん復興してきました。

「偉大なる混沌」より発現した民族精神

そこでそういう日本精神の最も日本精神たるゆえんの、枝葉末節の問題でなくして、根本的、生命的特徴を見てまいりますと、ここに我々は日本の国体と中国の国体、日本での民族性と中国の民族性というものについて、一言申したくなるのでありますます。それは等しく東洋精神であり、東洋民族性でありますが、中国民族性は日本民族性ほど純化されておらない、*厖然《ぼうぜん》などところがある。いわゆる大陸的という言葉でほぼ読者が了解されるような、そういう規模は大きいが洗練されないものがあるのでありります。そこで国家生活に当たっても、日本民族はこれ無くんば国家として国民として生活することができないという、ある偉大なる感激の対象を持たなければやまない。これすなわち皇室、天皇が御座《おわ》すのであります。

日本国民の皇室、天皇に対する心持《こころもち》は、いろいろ理論をも

*厖然　形のはなはだ大きくてはっきりしない。

って説明すべきものであるよりは、端的に、これ無くんば日本人は生活のできない感激の対象であります。国民性そのものの至高の要求、やむにやまれない信仰であります。だから、何がゆえに国家が神聖なりや。天皇は絶対不可侵なりや。それを説明してくれれば、自分も忠君愛国者になろう。国体科学というようなものでも打ち立てなければ、忠君愛国心が養われぬというふうに考えるのは、そもそも本末転倒の考え方でありまして、そういう理論的努力も対症療法的な意味は大いにありますが、本末転倒してはなりません。説明上手な西洋哲学者、私の好きな学説の一つのハルトマン*の倫理説を借りますと、人間の心には一つはDas Kaotische 渾沌ともいうべき含蓄力と、一つはDas Demiurgische 造物とでも訳すべき創造力と、こういう二つの作用が一致して人事万般が展開すると申しておりますが、東洋、ことに日本を解するためにはこの「渾沌」が大切です。日本のいちばん偉大な尊い渾沌がすなわち皇室であり、天皇で

＊ハルトマン
　ドイツの哲学者。はじめカント学派、のちに存在論の立場に移り、認識問題をはじめ精神や歴史の問題をも存在論的に解明しようとした。著書に『認識形而上学的綱要』『倫理学』『存在論の基礎』など。（一八八二～一九五〇）

ありまして、神聖な我が国一切の事象は皆ここから発現するのです。

これに対して日本人は皆「まつろい」たてまつるのです。

「大君のへにこそ死なめ顧みはせじ」

と感激するのです。

およそ、日本国民の精神の一つの重大なる特徴を表すものに、「是非ない」「是非に及ばぬ」という言葉がありますが、「まつり」の心に伴う必然の心理です。西洋はどちらかといいますと、飽くまでも是々非々であります。中国にも「没法子《メーファーツ》」、しかたがないということがありますが、著しく消極的です。日本のは非常に積極的で、利害や理屈を超越した致身*の意義です。もちろん同じ「是非に及ばず」にも人物相応の深浅がありますが、とにかく、すべて日本民族の感激の対象たる親なり、主人なり、夫なり、いわんや、陛下のこうと決定されたことならば、もはや、「是非に及ばぬ」のです。決定されるまでは十分に手を尽

***致身**　いのちをささげること。身をまかせること。致命。

くすけれども、決定されれば「是非に及ばぬ」という覚悟を持つのであります。

ところが中国の民族性になりますと、西洋民族性と日本民族性、日本精神と西洋精神との間に立って、どうも日本精神ほど純一無雑でない。ここにおいて中国の国体、中国の国民生活に現れている特徴は、易姓革命と隠逸生活であります。至純の東洋精神、日本精神、日本主義からすればあくまでも「まつろう」ものは「まつろひ」の対象には、「是非に及ばず」でなければならぬし、不断に己れを抛っての扶翼*がなければならぬ。ところが、そうなりきれずして、これを非難し、これを怨嗟《えんさ》し、これに憤激し、まつろえぬ結果、これを倒して、自分の理想とするところのものを実現しなければやまないとするところに、さらに私心が混じて、易姓革命が起こり、これに反して絶望の結果、己れ一人を潔くしようとするところに隠逸が生じます。いずれも道は醇でない。こういうことは私の『東洋政治哲学』によく論じてお

＊扶翼　かばい助けること。

きました。中国でも真の有道の士はこれをよく知っています。さて往々、愛国者、日本精神論者の中には、日本精神となると日本の自慢ばかりいって、外国精神といえば糞味噌に排斥するという傾向の人があるのであります。したがって、そういう人々は中国といえば、日本の忠というような思想は全然解らぬ、中国精神にそういうものはないのであって、彼らには易姓革命あるのみ。中国の学といえば、儒学といえば、易姓革命の学だというふうに思う人もありますが、まったく浅見《せんけん》です。現に日本によく知られております伯夷《はくい》・叔斉《しゅくせい》*の話はいったい何を物語るのでありますか。

あれは中国人のいちばん切なる心の要求を物語っているのです。それは周の武王がとにもかくにも一旦臣事した、すなわち主君、天子と仰いだ紂《ちゅう》を誅《しゅ》するのである。匹夫《ひっぷ》の紂を誅するのである。放伐をやるのである。いわゆる易姓革命をばやるのである。ここにおいて伯夷・叔斉はいうのであります。

＊伯夷・叔斉

中国古代の伝説の兄弟。周の武王が父である文王の弔いもせずに殷の紂王の討伐に向かうのを諫めたが聞き入れられず、周の天下になると「周の粟を食まず」といって首陽山に隠棲し、わらびをとって食べ、餓死したといわれる。

「父死して葬らざるに干戈《かんか》に及ぶ、孝と謂ふべけんや。臣にして君を弑《しい》す、忠と謂ふべけんや」

つまり、あなたのなさることは忠孝の道にもとるといって、身をもって彼の失道、易姓革命の暴挙を止め、危うく殺されようとした。そのときに太公望*が、

「義士なり」

といって助けた。

たとえこれは伝説なりといっても、史実のいかんを問わず、否、むしろ伝説が史実化したほど意味は深刻です。伯夷・叔斉は憤然として首陽山に隠れ、

登彼西山兮*　采其薇矣
以暴易暴兮　不知其非矣
神農虞夏忽焉没兮　我安適帰矣
吁嗟徂兮　命之衰矣

＊太公望
中国古代・西周の臣。名は呂尚。渭水で釣りをしているところを周の文王に見出され、文王を助けて殷を討ち、周の天下を定めた。太公望の由来は、周の太公が望んでいた人物というところから。釣り人の代名詞としても使われる。生没年不詳。

＊登彼西山兮
彼の西山に登りて
采其薇矣
その薇《び》を采《と》る
以暴易暴兮
暴をもって暴に易《か》う

と歌って餓死したのであります。暴をもって暴にかえ、悪に対して悪を報じ、恨みに報ゆるに恨みを持ってしては、いつになったら世は救われよう。命《めい》が衰えたものだ。

「命」とは道義的原則の人心への感発です。こんな末世に生きていたくないといって死んでしまった。これが非常に中国の国民の歴史に響いて、伯夷・叔斉というものは中国では聖人なりといわれて、最も国民を感動せしむる話になっている。この話がさらに日本に伝わって、中国より日本の国体にピッタリと合う話でありますから、たちまちにしてこの伯夷・叔斉の話は日本において喧伝されるようになりました。

あるいは思いもかけない例をとりますと、『韓非子』*というものがあります。これは東洋の法律政治を研究する上において、必読される思想ですが、その中に「忠孝篇」というものがあって、そこには明らかに、日本人が見ましても首肯のできるよう

不知其非矣
その非を知らず
神農虞夏忽焉没兮
神農、虞夏、忽焉として没す
我安適帰矣
我れいづくにか帰せん
吁嗟徂兮
ああ、徂《ゆ》かん
命之衰矣
命の衰えたるかな

＊韓非子
中国、戦国時代の韓の公子・韓非の著書。韓非は法家の大成者。かつて荀子に師事し、しばしば書をもって韓王を諫めたが用いられず、『韓非子』を著した。

に堂々と力をこめて「忠」ということを論じています。決して暴君放伐を認めておらない。かえってそれは非道であると論じている。日本人が国家に対し、皇室に対して抱いている、そして、実際行いにおいて具現いたしておりますものを、中国人は単に理想として持つに止まり、実践的に破滅している。その悩みを汲んでやらなければなりません。それを侮辱しては武士の情でありません。隠逸にしても、この易姓革命に飽きたらないものは、身を措《お》くに所がない。死ぬか。死ぬと言うことは卑怯である。そこで隠遁する。すなわち世を背き、社交を絶ち、自分の絶対的境地に生きる生活が始まる。だから、隠士、隠逸というものは中国の哲学、歴史において非常に貴んでいます。許由とか巣父*とか、後漢の光武皇帝*がどうしてもいたすことができなかった厳子陵*でありますとか、ああいう人々を非常に崇めて、いかなる歴史の書物にも必ず隠逸伝というようなものがあって、隠者というものが非常に貴ばれている。

＊許由・巣父
　許由は中国の古伝説上の賢人・高士。帝堯が天下を譲ろうというと、汚れたことを聞いたと潁川で耳を洗い、箕山にかくれたという。巣父は許由が俗事を聞いた耳を潁川で洗っているのを見て、そのような汚れた水は、引いてきた牛にも飲ませることはできないといって、引き返したという故事。

＊光武皇帝
　中国・後漢の初代皇帝（在位二五～五七）。洛陽を都とし、儒教を奨励して混乱した社会を再建。（前六～後五七）

けれども日本では隠逸の要はない。また日本の国体においては隠れるということはよろしくない。没我でなければならぬ。一旦臣となった上は身命を賭して、己れを忘れ、己れを捧げて、道のために尽くさなければならぬ。隠遁を許さないのが、これが本義です。立前です。また、隠遁されないのが日本人の心理です。ここにおいて例えば『大日本史』*を見ますと、そこに隠逸伝というものは立てられてありますが、その冒頭では日本において隠逸ということは決して賞すべからざることである。しかしながら、その心境は浮世の名聞利達に汲々《きゅうきゅう》たる人間の企ておよぶところでないとして、隠者の伝記を立てている。ここに日本の国体と中国の国体との最も重要な相違があるように思われるのであります。

＊厳子陵　後漢の文学者。光武帝の同窓の友人。光武帝より重職への就任を懇請されたが、官位を望まず姿をくらました。

＊大日本史　徳川光圀の命を受けて水戸藩が編さんした歴史書。神武天皇より後小松天皇までの歴史を紀伝体によって述べている。

第十四章　国粋主義の反省と実践

自由な造化力を豊かに持つ日本精神

ここで少しく補足しておきたいことがあります。それは、かような日本精神の真義ともいうべきものから考えて、今日の、あるいは今までの日本精神を論ずる者に、往々にして、甚だ日本精神を誤る者が多いことを警戒しなければならぬことです。

我々は誤った日本精神論者になってはなりません。世には日本精神というものの荘厳なるを説いて、これに対して他国民精神を無下《むげ》に退け、軽侮し、そうすることによって日本精神というものが初めて偉大なるもののごとくに考えて、無闇やたらに日本精神を礼讃し、口を極めて異民族精神を罵倒するものが非常に多い。

およその国家民族の精神、文化、そういうものを引っ括めて「国故《こくこ》」という。今なお北京大学に在り（昭和十一年当時）まして、中国の学会の一権威者でありますが、*胡適《こてき》という人がありまず。この人が『中国哲学史大綱』というものを書いている中に、国学ということを論じて、

「国学とは『国故』学のことである。国故の中には国粋と国渣《こくさ》とがある。渣はカスであり、国学とはその国粋を養うて国渣を去ることである」

としております。誠に同感でありますが、同時に、

「国学は他の国学の、他国民の国粋を自家の栄養分に摂取して、その国渣を排泄することでなければならぬ。自国の国故に関してしなければならぬと共に、他国の国故についてそうしなければならぬ」

＊胡適
中国の学者・教育行政家。アメリカ留学後、北京大学教授となる。五・四文化運動の際に白話文学を提唱。一九四八年アメリカに亡命。著書に『中国哲学史大綱』『白話文学史』『胡適文存』など。（一八九一〜一九六二）

とも説いています。

およそ我々が健康に生活するということはどういうことであるか。第一必要なるは飲食ということです。摂取したるものを*咀嚼《そしゃく》し、それを消化し、吸収することが必要であるとともに、排泄するという機能がある。この消化吸収と排泄の働きがうまく行けば、健康であります。消化吸収ができなかったり、排泄ができなくなると、すなわち便秘になったり、下痢をするというようなことでは、必ず疾病が生ずる。一国文化においてもまたその通りであります。もしここに何か悪い物を食って当たった人間が、それに懲りて、羹《あつもの》に懲りて膾《なます》を吹くどころじゃない、飲食をやめてしまったらどうなるか。王陽明の*啾々吟《しゅうしゅうぎん》の中に、「愚者*噎《いつ》に懲りてその食を廃す」ということがある。食わなくなったら干からびて死んでしまうより外ない。餓死するより外ないと同様にここに「日本精神」「日本精神」とばかりいって、「儒教、それは中国からきた易姓《えきせい》革命の思想だ」「仏

＊咀嚼
かみくだくこと。かみくだいて味わうこと。物事や文章などの意味をよく考えて味わうこと。

＊啾々
虫・鳥などが小声に鳴くさま。また、しくしくと力なく泣くさま。

＊噎
食物が喉につかえむせぶこと。

教、それはインドからきた出離《しゅつり》思想だ」「キリスト教、それは欧米からきたもので我が国風に合わぬ」「社会主義、それは怪しからぬ」といったように、何も怪しからぬ、あれもいかんといってみんな排斥して、一切、外来文化の痕跡を絶った昔に帰らなければ日本主義といえぬ、「神ながら」でないというのは、魚もいかん、豚肉、野菜もいかんと排斥してしまって、食う者が無くなると同じことである。干からびてカチカチになって餓死するより外ない。かくのごときものは決して日本精神ではない。

反対に日本精神は、山鹿素行《やまがそこう》先生が『中朝事実《ちゅうちょうじじつ》』の後にチャンと論じているように、異民族文化を自由に摂取して、そして、これを日本化する上において天縦《てんしょう》の神聖をそなえている。中国の言葉でいうならば「鼎新《ていしん》」という言葉がある。鼎がちょうど、いろいろ食物の材料を入れて、それを煮て一つの料理にするると同じように、道というものは自由な造化力でなければな

＊出離
俗世間から離れること。仏門に入ること。

＊中朝事実
寛文九年（一六六九）、赤穂に配流されているときに山鹿素行が著した本。国学に基づき、日本の誇りを説いた。「中朝」とは「世界の中心の王朝」の意味で、日本を指している。

らない。できるだけ自由にものを包容して、それを新たに造化するのでなければ道ではない。日本精神はそういう鼎新力、天縦の神聖を確かに世界のあらゆる民族に比べて、最も豊富に持っているのであります。

日本の国土からして非常に紫外線の強い、地熱の高い、ラジユーム放射能などの強いところである。それだから杉、檜などが発生し、良い酒ができ、また良い刀ができるのです。植物の数、禽獣魚介の数、実に豊富である。これくらい豊富なところは世界にない。そのうえ、国民精神も儒きたらば儒、仏きたらば仏、キリストきたらばキリスト教、その他何でも、一切自由に謙虚にこれを受けて、そして、これを実に健《すこ》やかに咀嚼《そしゃく》し消化し吸収し、しかして排泄するのである。これこそ偉大なる日本精神です。

その最も高貴な*顕現《けんげん》を*皇道《こうどう》に見るのであります。ところが古来、日本に困ったことは、国学者は漢学者を排斥し、キリスト

＊顕現　はっきりと現れること。明らかに現わし示すこと。

＊皇道　天皇が行う政道。

教はまた神道を排斥し、というふうに始終排斥し合っている。特に異民族の文化に反感を持つ、いわゆる日本主義者、日本精神論者が（今日なお未だありがちだが）何ぞといえば相排斥することをもって＊能事《のうじ》としている。非常によろしくないことであります。それでは日本精神は発達しない。卑近な例をとって、我々が漢籍ばかり読んでいると、どういうものか干からびてしまう。国典ばかり読んでいると、どういうものかだらける。いや、理由はちゃんと明白ですが、それは預かりましょう。横文字はどうか。横文字ばかり読んでいてはどうも調子が合わない。漢学者、国学者にしてよく西洋の哲学にも触れ、西洋の哲学・文芸を研究して、また、東洋の学術を修めることに注意を怠らない人、それの自由にできる人ほど、その学問、思想、人物が活きるのです。

一体、漢学者、国学者というものは、無闇やたらに攘夷論を振り回して、学問的、文化的に異民族を排斥しておったもので

＊能事　なすべき事柄。「能事終われり」などと使う。

あるから、漢学者、国学者はカチカチになってしまって、時代精神に副《そ》わなくなった。明治以来から考えましても、いったい明治の初めに、明治天皇の特別の思召しによって、聖堂*の跡に大学本校を設けて、ここに和漢の学を広めることにし、もって古聖・先賢の学を講じて、大いに国士を養成するはずであった。ところが、この人々が、明治天皇の聖旨*《せいし》に反対して、始終喧嘩ばかりしている。相排斥ばかりしているから、これが潰れてしまって、西洋の学問・技術を研究するために置かれた大学本校の南の方の南校、東の方の東校、これが大学として残ったため、欧化思想を非常に激成*《げきせい》したのであります。

今日の欧化思想をかくして反省して見ますと、漢学者、国学者などの罪が大いにある。これは実に浅ましい。思想、学問上において正しく相争うのは宜しいが、感情上の嫉視排擠《はいせい》から、ことに、異民族に対してこれを無反省に、驕慢に行うにいたっては、その害、実に測るべからざるものがある。今日、憂うべ

＊聖堂
東京・湯島にある孔子をはじめとする聖賢を祀った廟。湯島聖堂のこと。最初は江戸上野忍ヶ岡の林羅山の家塾に建てられたが、五代将軍綱吉により湯島に移された。

＊聖旨
聖上の趣旨。天子のおぼしめし。

＊激成
はげしいものにすること。一層はげしくすること。

きことの一つの大事は、心なき人々が、妄《みだ》りに日本主義、王道、皇道を振り回して、他国に驕《おご》ることであります。これは決して日本精神、皇道を世界に光被《こうひ》＊するゆえんでない。そもそも言挙げをするということが、イデオロギー闘争をやるということが、日本国民性に対してあまり合わない。それよりも不言実行の士、謙虚、求道の風を帯びるということが日本人の欲するところであり、しかしてこれ実に人類の欲するところです。

感激のないところに生き甲斐は生まれない

かくのごとく日本精神たるゆえんに徴《ちょう》して、日本は今後いかになり行くべきであるか。それについて今、日本はいかなる状態にあるか。何がゆえに日本は非常時などといわれるのであるか。何がゆえにこれほど日本の上下が騒がしいのであるか。それをば政治のどこがいかぬ、経済のどこが悪い、教育のどこが

＊光被　光が広くゆきわたること。特に、君徳がゆきわたること。

どうだと、一々枝葉末節的に*爬羅剔抉《はらてきけつ》すれば、皆いかぬともいえる、否これで良いのだともいう、水掛論である。それこそ馬の毛色や牝牡《ひんぼ》の論に入って際限がない。それはこの次にして、まず、只今のような日本精神の根本義に照らして、日本の近代生活には重大なる誤謬がある。本質的矛盾があることを知ることが大切です。

第一に、理想というもの、理想に対する感激、人と人、人と事業との間に何の「むすび」ありや、何の「参り」「ゆるし」「さむらい」「まつり」ありや。何の感激ありやということです。考えるべきこと、一番大事なことはこのことです。私はそれをまずもって教育の上から申しますと、従来、日本の教育には、教育者、被教育者を通じて、日本人をして感激せしめるような目的がない。立派な人物になろう。国家人類のために奉公させようというようなことは考えられない。そこにあるものは、ただ上級学校に入学するということと、何ほどかの月給をもらう、

*爬羅剔抉　爪でかいてかき集め、くじり出すこと。かくれた人材を探し出すこと。他人の欠点をあばき出すこと。

サラリーマンになる、就職するということです。上下を通じて低級な功利主義に堕してしまって日本人の欲する感激性というものは教育目的から消えてしまっているのであります。それから一般に教員社会において教育が非常に職業的になっている。

学校を見ましても本当の日本精神からいうならば、今後の学校というものは、まず校長に独特の教育精神に燃えた人がおり、その理想、その熱情を分かつ教員が、その校長の眼識によって集められ、校長とその教員、教員相互の間に「むすび」があって、それによってその理想、その教育精神、熱情が学科を通じて児童、学生に伝達され、ここにおいて初めて活きた教育があります。神ながらの教育があります。

ところが今はただ形容、筋骨、馬の毛色や牝牡によって先生が採用される。すなわち、あれは中等教育の免状を持っているとか、あれは何学校出身であるとか、資格免状によって、あるいは多少の情実因縁によって採用されて、その人物がいかなる人物なりや、教育者としていかなる適材なりや、というようなことは、あまり論ぜられない。それからその教授、その学科がまた*索然《さくぜん》たる形式的、主知的なものであって、何ら感激がない。教科書なるものがそもそも感激なく、「むすび」なく、魂なき、雑然たる編纂物が多い。そこで学生は教科書を授けられても、少しも面白くない。

私は何かの折りに、学生時代でありましたが、英語の本を読んでおった。すると、およそ世の中で最も面白くないものは教科書である、いかなる面白い書物でも、それが一度教科書になると索然として興味を失うということが書いてあったことを覚えている。誠に同感であるのであります。そういう教科書によって、誠に感激のない学校で、感激の失せた先生から教わって、どうして偉くなりましょうか。学ぼうという者にもまた感激がない。そこで、日本の学生ぐらい学校を嫌うものはないのであります。私どもも学校を嫌って落第せざる程度において、最大

＊索然
面白みがなくなるさま。あまり興味の感じられない様子。

限の休みをとって、自分の好きなことをやって卒業したことを告白いたします。

　大学などは私は半年ぐらいしか出ませんでした。あとは自分の家に引き籠ったり、図書館に行ったり、もっとも授業料は納め、試験の時だけは確かに行ったけれども、あとはなるたけ狡《ずる》けた。これは実に善いことでない。けれども面白くない。面白くないから学生は嫌って、先生がたまたま休講でもしてくれれば、喚声を揚げて喜んでいるというような状態である。学問において、学校において、教育精神において感激がない。また、教育行政において感激がない。国家の教育政策において感激がない。せめて、大学でも出れば、昔のように役人ならば知事になる、会社ならば重役になるというくらいな、浮き世の＊名聞利《めいもんり》達《たつ》だけでも約束されるならば、つまり、前途に多少裕《ゆたか》な光でも輝いているならば、まだしも生命が鼓動するのでしょうが、それも約束されておらない。出世どころでない、就職もおぼつ

＊名聞利達　名聞は世間の評判、利達は立身出世。

かない。骨折ったって日本の青年はバカバカしい。生命のはけ口、やむにやまれない感激を何処に求るのであるか。「むすび」というものが更にない。

ここにおいで、ある者は極左、極右の社会運動にあこがれ、ある者はスポーツに夢中になり、ある者はカフェー、ダンスホールに通い、それもしきれぬ人間は神経衰弱になる。よほど出来た人物、よほど恵まれた人物でなければ中道を歩めないということになるのです。だから、多くの現代学生は多少とも*デカダン的になり、多少とも*ソシアリズムに感染し、あるいは多少とも神経衰弱にかかっておらない者はない。どうもウンザリしてしまう。*気宇《きう》が快活でない。覇気がない。けれどもこれは独り学生のみでない。

役人になっても、銀行員になっても、会社員になっても、何になっても、人と人、人と職業の間に感激がない。魂が入らない。これが日本人をして何ということなく荒ませるのです。何

***デカダン**
虚無的・頽廃的な態度で生活する人。また、そのようなさま。

***ソシアリズム**
社会主義。

***気宇**
気がまえ。心のひろさ。

ということなく現実に不満を感ぜしめるのです。これに向かって枝葉末節の政策で、思想善導だの、民力涵養《かんよう》だのといってみたところで、これはちょうど藪医者・竹庵が病の急所を察せずして、いたずらに徴候に囚われてアッチに膏薬を貼ったり、コッチにメスを揮《ふる》ったりするのと同じことで、幾らやっても救われぬのです。疲れる一方、じれったくなる一方です。だから私は常づね我々の教育学問の根本改革ということについて、深く思いをいたしているのでありますが、しかし、これはまた大問題でありまして、別に章を改めて説かなければちょっと論及できないことであります。それでここでは、ただいまの一斑よりその全貌を推察していただくより外ありません。

これを大きく政治という上から見てまいっても同様です。政治の根本は人事行政にある。東洋では政治の、あるいは人事行政の根本原理の一つとして任用ということがあるのであります。一般に任用ということは深くは考えずに使っておりますが、これは非常に意義ある言葉でありまして、『*説苑《ぜいえん》』というような書物を見ますと、国家に三つの不祥がある。それは第一、賢者あって知らざることである。賢者が隠れているということは換言すれば、指導者がないということでありますから、必ず国民生活が乱脈になる。近代イタリー建設の傑人*マディニが、巧みに道破《どうは》いたしておりますように、政治は元来、

Progres of all, through all,
under the leading of the best and wisest

でなければならぬ。誠に名言です。

すべての進歩、一人一階級の進歩ではいけない。すべてを通じて、いい換えれば野に*遺賢《いけん》ないように、「奥山のおどろが下も踏み分けて、道ある世ぞと人に知らせん」と古聖天子の御製の通り、野に遺賢なからしめないように人材を挙げて、その指導の下に、国家全般の進歩を図るのが政治であります。

その賢者のあることを知らぬ、それを求めない。しかして、

＊説苑
君道・臣術・建本・立節・貴徳・復恩など二〇編に分け、序説の後に逸話を列挙した訓戒的説話集。漢の劉向撰。平安時代、わが国に伝来した。

＊マディニ（ジュゼッペ・マッチーニ）
イタリアの革命家。ジェノバ生まれ。青年イタリア党を結成し、民族と国家の統一運動で活躍。ガリバルディ、カブールとともに建国の三傑の一人に数えられる。（一八〇五～七二）

知って用いざるは二の不祥、用いて任《まか》せざること、これ三の不祥なのであります。任用とは賢者を知って用いるということと、用いて任すということとを併せていうのです。用いて任すというのはどういうことであるか。これを人格者として許すのである。責任を持って自由にやらせるのです。だから人と人との「むすび」があって初めて可能です。任さぬということは人を機械として取り扱うことです。法治主義、機械的制度、機構一点張りで行くことであります。西洋ではそれで行くこともできるが、東洋民族は感激を欲する。感激あらずんば生き甲斐なしという国民性である。したがって、機械的に運用されるのでは、どうしても久しからずして生命が堪えない。

ところが今の日本の政治機構、行政作用、人事行政の百般があまりに法治的であり、あまりに形式的であり、「むすび」がない。「参り」「ゆるし」がない。すなわち、任すということがほとんどない。任用が行われておらない。上は内閣の組織より、

＊遺賢　官に用いられないで、民間にいる有能な人物。

下は地方行政制度、それから政党なんかもそうであります。日本の政党の組織、日本の選挙にも「むすび」も「参る」も「ゆるし」も乏しい。感激がない。漫然たる投票の収集に過ぎない。精々地方の低級な利害関係に過ぎない。領袖と党員との間に「任ずる」「参る」「ゆるす」ということが衰えた。一時、政党の勃興は官僚に対してまだこれがあった。それが残念ながら調子の低いものであったので、破滅してしまった。ここではそういう批評はなるべく遠慮いたしますが、一々挙げてくれれば日本精神が索然として薄れている。ここにいうに言われない世上の不満があるのです。この点がいわゆる痒いところで、この痒いところを*爬着《はちゃく》しなければ、いかに国策審議会を作っていろいろな非常時対策を講究し実践してみたところで、不安は去らないのです。

日本人は割合に独裁政治を謳歌しそうで、独裁政治を謳歌しない。軍部でも官僚でも、もし国民に対してあまりに独裁的で

*爬着　爪を立てて掻く。

あるならば国民の反感が高まる。これは何故かといいますと、何か事をなすに当たってそこになければならぬのは、賢者を知り、これを用い、これに任すという、人と人との「むすび」「参り」「ゆるし」「まつろい」がなければならぬことでありますしたがって、できるだけ広く国民のあらゆる階級から人物を挙げるということがなければ、国民は承知ができないのであります。それを、ある一部の者が結束して自分たちだけでする、他派を排するということになれば、つまり、人材を求めない、謙虚な態度になって人材に下らない、人材に「むすば」ないとなってくると、日本人は直ぐ性命*的に反発してくる。いわゆる独裁政治のごときはヨーロッパの国民性においてはかえって樹立し易いのであります。

これは往々にして世間では反対に解釈して失敗する点であります。東洋には君主政治の国体が多いから、独裁政治が実現する。いっぺん独裁政治が実現したらなかなか壊れないというの

＊性命　生まれながらの性質、天命、生命。

は、これは皮相な見解で、かえって独裁政治は西洋において樹立し易い。維持し易い。東洋においては駄目です。天皇を戴く日本においては、天皇は国家をもって御身となされ、万民をもって赤子《せきし》としておられる神聖な没我的存在である。したがって、陛下の大命《たいめい》を拝する政府の領袖たるものも没我になってやるものでなければ、その政治は民心に合致しない。それを西洋のように主我的党派的な意味における独裁政治をやるということになれば、必ず反感を受ける。政治もここに思いを巡らして過去の功罪を省察すべきであります。

　実業界も従来のような無責任な株式会社制度、バルチザン*シップの理事者組織では行き詰まる一方です。労働運動も唯物弁証法の階級闘争主義を棄てざるを得ますまい。その時こそ真の労働運動の起こる時です。どうも日本はこのまま安逸《あんいつ》を貪っておってはならない。否、このまま*苟安《こうあん》をぬすんではおれない。必ず、政治といわず経済といわず、教育といわず、あらゆる方

＊バルチザン　労働者・農民などで組織された非正規軍。別働隊。遊撃隊。

＊苟安　一時の安楽をむさぼること。

面において更始一新をやらなければならないことが、もう性命必然の要求になっている。これは決して、いわゆるイデオロギー論争、いわゆる一片の国家改造法案、政策、法令の端によっては解決されない問題です。

要するに人格と識見と、よほどの「まつり」の心、理想精神によって、それらの「むすび」によってのみ初めてなし得るのです。今、少しく深いものに目醒なければなりません。もし、単なる理論とか方策によって世の中が救われるならば、我々の先祖に偉大なる人物はたくさんおったのですから、千年二千年前に、我々のユートピアを実現してくれているはずです。それが幾度も治乱興亡を繰り返しているということは、理論や闘争のみによっては経世済民はできないということを物語っているのです。ことに、東洋、日本の国家において然りです。そういう点において日本の改革ということは決して軽々と外国の模倣的思想、行動に出るを許されないのであります。

ともあれ、本当の日本精神によれば、できるだけいろいろな人々が、地位、年齢、階級のいかんを問わず、お互いに心を合わせて日本の国運を*翼賛《よくさん》して行かなければならぬと思うのです。世界は今また渾沌に陥って、日本は世界の「いざなぎ」「いざなみ」の神として、天照大神の信仰を発揚すべき時運に際会いたしております。今こそ深く内に省み、大いに奮発して、次代の国民に新たな『古事記』『日本書紀』などを遺さねばならぬ、と信ずるのであります。大丈夫*会心の時代ではありませんか。

＊翼賛　力をそえて（天子などを）たすけること。

＊会心　心にかなうこと。気に入ること。

あとがき

戦後六十年、昭和の精神史を改めて見直そうとする人びとの求めに応じて、『日本精神の研究』（大正十三年初刊、昭和十二年増補再刊）が新装刊行されたのに続いて、このたび、それを補完する『日本精神通義』（昭和十一年初刊）が、『人生、道を求め徳を愛する生き方』と題して新装刊行されることになった。

安岡教学の「古典」として併読が奨められているこの二著作は、いわば、昭和ナショナリズムの中核的存在とされてきたが、時代と価値観の激変を乗り越えて、今日もなお、その説得力を失っていない。この二著作の引き続いての刊行を、安岡教学の不易の証左として心から喜ぶところである。

昭和の初めから十年代にかけて、時局を反映して「日本精神」を冠する著作・論述は、時代の流行のように頻出したが、「横流」したそれらの日本精神の論の多くは、いまやみな、歴史のかなたに没沒し去って、一貫して読み続けられたのは、わずかにこの二著作と和辻哲郎著『日本精神史研究』（大正十五年初刊）・『続日本精神史研究』（昭和十年初刊）のみとなってしまった。

大正末から昭和の初め、激動する内外情勢の中で、わが国のナショナル・アイデンティティを提示して時代をリードしたこの両碩学の各二著作のみが、歴史のふるいにかけられて「古典」の輝きを保ち続けたのであった。

大正末期、相前後して刊行された両碩学《せきがく》の著作は、いずれも、第一次世界大戦後の新しい世界秩序の中、ナショナリズムとインターナショナリズムの交錯する激動の世界にあって、わが国のナショナリズムの在り方が改めて問い直される状況に対応し、その中核となる精神的ナショナル・アイデンティティを探求・提唱したものであった。

大まかに言えば、安岡教学は「興亜論」・アジア主義を中心とする東西文明融合論に立脚し、和辻哲学は、「脱亜論」・欧米志向を母胎とする東西文明融合論に依拠して、「日本精神」を探求し提示しているといえよう。前者が、東洋教学の碩学・在野の「処士」として、後者が、西洋哲学の権威・官学アカデミーを代表して、立場を異にしつつも共に、わが国の国民的使命《ナショナル・ミッション》・「世界史的使命」を東西文明の融合に置いていることは、注目に値する。

更に、日本精神の探求を歴史と伝統の考察に向け、比較文明論の手法を用いている点は、両者共通であるが、前者が陽明学者らしく、実在の人物の生き方に焦点を合わせ、日本精神の発露を見ようとしているのに対して、後者が、ドイツ哲学・文化史家として文化・思想の中にそれを考察しようとしている傾向があるのは、興味深いところである。

このたび、「この国の心の源流と真髄を学ぶ」という副題で新装刊行される『日本精神通義』は、昭和十一（一九三六）年十二月、日本青年館から、新興日本叢書第四巻として刊行された。「日本は今や有史以来の世界的局面に高歩《こうほ》を進めて、真に内外多事」の折、「日本の心の歴史——性命の歴史、中でも大切な神道と儒教や仏教の交渉・発達の道を明らかにして、今日やかましい東洋主義と西洋主義・日本精神の真義を論じ」たものであり、「できるだけ親切・平明に術語も解釈し、諸問題の要領を把握して、簡潔明瞭に叙述」したとされている。たしかに『日本精神の研究』の高度・難解に比すれば、ずいぶんと解り易いが、内容の深さ豊かさは、変わりない。

当時の月報に「日本精神通義を贈る」と題する安岡先生の述懐の文が、吉川英治の推薦文と共に掲せられている。往時の雰囲気をよく伝えるものなので次にあげておこう。

「この秋は亡友の遺志を思い出して本書の起稿を始め、終始しんみり友に語る気分で述作致しました。静かな雨の夜、爽やかな晴れの朝、神道を語り、仏教を論じ、儒教を談ずるにつれて、あすこ、ここと、調べたいことや深めてゆきたい問題が限りなく湧いて参りまして、五十年や百年の寿命ではとても足りない様な気がして堪りませんでした。もしこんな小著でも、これに依って読者が東洋思想や日本の先哲に結縁せられ、世界の情勢を按じて日本の偉大なる使命を感得せられる上に多少とも役立ち得れば、著者としてこんなに嬉しいことはありません」

「安岡正篤氏の著書を私も敬読している一人である。愛読と云いたいけれど、書に接すれば人に接するように襟を正しめられるので敢て敬読と私は云う。現代の一処士を以て任じておられるらしい。淡々として高潔な処士的生活の裡にひそみ、いやしくも志行心操なき筆は執らないという風である。書けばふしぎにも氏の文字は、私たちの智的頭脳へ訴える以上に、脈々と血液にまで浸透してくるものを否み得ない。単なる理論派や狭隘《きょうあい》な学者と自ら異なる所以《ゆえん》であろう」

『日本精神通義』の前半「I　日本精神の源流」は、わが国の歴史と伝統を通して、日本精神の淵源と形成過程を考察し、在来の古神道と外来文化の受容と変容の経緯をつぶさに述べている。

周知のように、A・トインビーの『歴史の研究』からS・ハンチントンの『文明の衝突』に至るまで、類書はみな、日本を、一つの民族、一つの文明によって構成される稀有の国家と位置づけている。わが国側の自意識においても、世界無比の国体観が抱懐されてきたことも、これと呼応している。そのような独自の日本文明、民族文化とそれを支える日本精神が、どのように形成されてきたか、その歴史的過程、「国民的伝統《ナショナル・トラディション》」を、外来文化の受容と変容に焦点を合わせて概括してみると次の三つにまとめられよう。

一つは、わが国の歴史は、国際化と国粋化とのそれぞれ優先する時代を交互に繰り返す過程を通して、固有の民族文化を形成してきた。新しい時代への過渡期には、外来文化を積極的に受容して新しい社会を形成していく国際化の時代。社会体制の安定した時代は、国粋的傾向が強まり、既に受容している外来文化を在来の文化と融合・変容させて「日本化」し、わが国の文化を高め豊かにする。この両様の時代の交替を通して、在来文化と外来文化の融合調和を進め、優れた民族文化・日本文明を形成してきた。優れた外来文化を、これほど「己れを虚しうして」受容し、しかもこれを在来の文化と融合・消化し、これほど「日本化」、変容して、自文化を高め豊かにした例は、世界史的にも稀有と見ることができよう。『日本精神通義』は、この過程を詳論し、その極致として道元の禅や近世の朱子学・陽明学の例をあげている。

二つは、わが国の外来文化受容の在り方が、極めて主体的かつ選択的であり、わが国の伝統や精神からみて有害・無益なものは、受容せず、受容した有益な外来文化も、在来の文化と融合し「日本化」の変容を伴っていた。例えば、四書五経のうち『孟子』を船載《はくさい》する船は、神風に難破するという『五雑俎《ござっそ》』所載の伝説など、その証しとされよう。

三つは、外来文化の受容と変容において、極めて迅速かつ巧妙であったことである。学び取ろうとする優れた文化や技術の最高水準に到達するのに、半世紀を要しなかったとされている。ジェスイット会の宣教師の報告書も明治のお傭い外人の評価も、異口同音に、この日本人の資質の高さに驚嘆している。

『通義』前半は、右のような外来文化の受容と変容の歴史を、仏教、儒教、西洋文化等の具体例に沿って詳述し、これを総括して、「日本精神は、山鹿素行先生が『中朝事実』の後にちゃんと論じているように、異民族文化を自由に摂取して、そして、これを日本化する上において、天縦の神聖をそなえている」とし、更に、「中国の言葉でいうならば、鼎新という言葉がある。鼎がちょうど、いろいろ食物の材料を入れて、それを煮て一つの料理にすると同じように、道というものは自由な造化力でなければならない。できるだけ自由にものを包容して、それを新たに造化するのでなければ道ではない。日本精神は、そういう鼎新力、天縦の神聖を確かに世界のあらゆる民族に比べて最も豊富に持っているのであります」と結び、「頑迷な国粋主義・浅薄な拝外主義」とは、無縁なものであったと断じている。

『日本精神通義』の後半「Ⅱ　日本精神の真髄」は、まず巨視的に、東西文化の本質的比較を「易」の発想、「陰陽相待原理」に基づいて展開している。東洋教学の碩学ならではの手法といえよう。

　西洋文化は、陽的文化で、外向性を帯び物質的であると同時に理智的で才能本位、功利的で、男性的な「乾《けん》徳文明」であり、東洋文化は、陰原理を本分とする文化で、内面的・精神的なる特徴を持ち、情緒的・徳操的で、女性的な「坤《こん》徳文明」であると対照している。

　更に、西洋の主我的と東洋の没我的生き方を、個人、家庭、社会の各場合の例に即して平明に説明を加え、最後に「創造の根本に帰る覚悟」を望んでいる。

　これを承けて、最終章で、東洋精神の最も純一無雑なものというべき「日本精神の本義とは何か」に論を進めている。

ただ初めに、日本精神の日本精神たるゆえん、いわば、日本精神の「天機」すなわち全機性を言葉で伝えることの困難に触れ、「日本精神の真髄は、日本民族たるものが元来本具しているその日本精神によって以心伝心する外ない」と前置きして、「けれどもそれではまったく話にならぬので」、「いかに死すべきか」という武士道の本領を例に取りあげて説明を試みており、その切り口として、大和言葉の「むすび」と「まつり」から導入している。

つまり「我々が喜んで、勇んで、己れを空しうし、己れを忘れて没入して行くような、そういう感激の対象を得ること」（むすび）、そして「ある偉大なる感激の対象たる人を得て、自分の持っている物はおろか、生命までも、悉《ことごと》くそれに捧げて行くこと」（まつり）に、日本精神の発露を見ることができるとしている。この点は、『日本精神の研究』以来一貫しているといえよう。

そして「むすび」「まつり」の心の裕《ゆた》かな日本人は、自然に、深い直感によって、ものの生命、全機性を把握し、叡智と優情を貴ぶのだと強調して、次のように結論している。

「必ず、政治といわず経済といわず、教育といわず、あらゆる方面において更始一新をやらなければならないことが、もう性命必然の要求になっている。これは決して、いわゆるイデオロギー論争、いわゆる一片の国家改造法案、政策、法令の端によっては解決されない問題で」、「要するに人格と識見と、よほどの『まつり』の心、理想精神によって、それらの『むすび』によってのみ初めてなし得る」「日本の改革ということは決して軽々と外国の模倣的思想、行動に出るを許されないのであります」

『日本精神通義』の刊行された時代は、二・二六事件の前後、狂信的《ファナティック》な日本主義者・国粋主義者が、妄りに「神ながら」を唱えて猛威をふるい、「日本精神の論は漸く横流して、国体や皇道や日本主義等の名による言動は識者の疑惑反感を挑発するもの少からず」という状況にあり、これを批判しきびしく戒めた本書の刊行には、文字通り「大勇」を要したことは、論を待たないところである。初刊以来七十年の歳月を越えて、本書が、開かれたナショナリズム、本来の日本精神の「古典」として高い評価を得るゆえんも、その辺にあるのではなかろうか。

財団法人　郷学研修所

副理事長兼所長　荒井　桂

〈表記等について〉

『日本精神通義』原本は旧字・旧仮名遣いによって書かれているが、本新装版では読者の便宜を考え、原本の趣を損なわない範囲で次のような表記変更等をおこなった。

・本文の一部を割愛した。

・基本的に旧字は新字体に、旧仮名遣いは現代仮名遣いに改めた。ただし、古文からの引用文等の一部は、原文のままとした。

・文章の流れに応じて、適宜、句読点、改行、括弧などの追加をおこなった。

・主な人名や用語は＊で示し、脚注を加えた。

〈著者略歴〉

安岡正篤（やすおか・まさひろ）

明治31年大阪市生まれ。大正11年東京帝国大学法学部政治学科卒業。昭和２年（財）金雞学院、６年日本農士学校を設立、東洋思想の研究と後進の育成に努める。戦後、24年師友会を設立、政財界のリーダーの啓発・教化に努め、その精神的支柱となる。その教えは人物学を中心として、今日なお日本の進むべき方向を示している。58年12月死去。著書に『日本精神の研究』『いかに生くべきか――東洋倫理概論』『王道の研究――東洋政治哲学』『人生、道を求め徳を愛する生き方――日本精神通義』『経世瑣言』『安岡正篤人生信條』ほか。講義・講演録に『人物を修める』『易と人生哲学』『佐藤一斎「重職心得箇条」を読む』『青年の大成』『活学講座――学問は人間を変える』『洗心講座――聖賢の教えに心を洗う』『照心講座――古教、心を照らす　心、古教を照らす』などがある（いずれも致知出版社刊）。

人生、道を求め徳を愛する生き方

『日本精神通義』この国の心の源流と真髄を学ぶ

平成十七年十月五日第一刷発行
平成二十九年十一月二十日第三刷発行

著　者　安岡　正篤
発行者　藤尾　秀昭
発行所　致知出版社
〒150-0001東京都渋谷区神宮前四の二十四の九
TEL（〇三）三七九六―二一一一
印刷　㈱ディグ　製本　難波製本
落丁・乱丁はお取替え致します。　（検印廃止）

ISBN4-88474-729-1 C0095
ホームページ　http://www.chichi.co.jp
Ｅメール　books@chichi.co.jp

安岡正篤シリーズ

活学講座 —学問は人間を変える—
安岡正篤 著

安岡師が若き同志に語った活学シリーズの第一弾。現代の我々の心にダイレクトに響いてくる十講を収録。第二弾『洗心講座』、第三弾『照心講座』も好評発売中！

定価／税別 1,600円

易経講座
安岡正篤 著

難解といわれる「易経」をかみ砕いて分かりやすく解説した一冊。混迷した現代に英知と指針を与えてくれる必読の書である。

定価／税別 1,500円

日本精神の研究
安岡正篤 著

安岡正篤版『代表的日本人』ともいえる一冊。本書は日本精神の神髄に触れ得た魂の記録と呼べる安岡人物論の粋を集めた著作。

定価／税別 2,600円

人間を磨く
安岡正篤 著

安岡師が三五年にわたって書き留めた古今の金言集。古今東西の先賢の言葉を渉猟《しょうりょう》しつづけた安岡師の人間学の一つの到達点がここにある。

定価／税別 1,500円

佐藤一斎『重職心得箇条』を読む
安岡正篤 著

江戸末期の名儒学者・佐藤一斎の不易のリーダー論『重職心得箇条』。人の上に立つ者の心得が凝縮されている。

定価／税別 800円

青年の大成 —青年は是《かく》の如《ごと》く—
安岡正篤 著

さまざまな人物像を豊富に引用して具体的に論説。碩学・安岡師が青年のために丁寧に綴る人生の大則。

定価／税別 1,200円

いかに生くべきか —東洋倫理概論—
安岡正篤 著

若き日、壮んなる時、老いの日々。それぞれの人生をいかに生きるべきかを追求。安岡教学の骨格をなす一冊。

定価／税別 2,600円

経《けい》世《せい》瑣《さ》言《げん》 総論
安岡正篤 著

人間形成についての思索がつまった本書には、心読に値する言葉が溢れる。安岡教学の不朽の名著。

定価／税別 2,300円

人物を修める —東洋思想十講—
安岡正篤 著

仏教、儒教、神道といった東洋思想の深遠な哲学を見事なまでに再現。安岡人間学の真髄がふんだんに盛り込まれた一冊。

定価／税別 1,500円

安岡正篤一日一言
安岡正泰 監修

安岡師の膨大な著作の中から金言警句を厳選。三六六のエッセンスは、生きる指針を導き出す。安岡正篤入門の決定版。

定価／税別 1,143円